Navidad en las montañas

Ignacio Manuel Altamirano

Autor Original: Ignacio Manuel Altamirano

Imprint: Independently published

Todos los derechos se encuentran reservados para esta presente edición 2019 ©

Tabla de Contenidos

Capítulo 1 - Anochecer en las montañas
Capítulo 2 - Navidad
Capítulo 3 - Las posadas
Capítulo 4 - Soy capitán
Capítulo 5 - El señor cura
Capítulo 6 - El carácter religioso
Capítulo 7 - El pueblo del señor cura
Capítulo 8 - El hermano cura
Capítulo 9 - Los villancicos
Capítulo 10 - Misa de gallo
Capítulo 11 - Hermosa Navidad

Dedicatoria a Francisco Sosa

A mi querido amigo, que hace justamente veinte años, en este mes de diciembre, casi me secuestró, por espacio de tres días, a fin de que escribiera esta novela, se la dediqué, cuando se publicó por primera vez en México

Recuerdo bien que deseando que saliese algo mío en *El Álbum de Navidad* que se imprimía, merced a los esfuerzos de usted en el folletín de *La Iberia*, que dirigía nuestro inolvidable amigo Anselmo de la Portilla, me invitó para que escribiera un cuadro de costumbres mexicanas; prometí hacerlo, y fuerte con semejante promesa, se instaló usted en mi estudio, y conociendo por tradición mi decantada pereza, no me dejó descansar, alejó a las visitas que pudieran haberme interrumpido; tomaba las hojas originales a medida que yo las escribía, para enviarlas a la imprenta, y no me dejó respirar hasta que la novela se concluyó.

Esto poco más o menos decía yo a usted en mi dedicatoria, que no tengo a la mano, y que usted mismo no ha podido conseguir, cuando se la he pedido últimamente para reproducirla.

He tenido, pues, que escribirla de nuevo para la quinta edición que va a hacerse en París y para la sexta que se publicará en francés.

Reciba usted con afecto este pequeño libro, puesto que a usted debo el haberlo escrito.

Ignacio M. Altamirano
París, diciembre 26 de 1890.

Capítulo 1

Anochecer en las montañas

El sol se ocultaba ya; las nieblas ascendían del profundo seno de los valles; deteníanse un momento entre los obscuros bosques y las negras gargantas de la cordillera, como un rebaño gigantesco; después avanzaban con rapidez hacia las cumbres; se desprendían majestuosas de las agudas copas de los abetos e iban por último a envolver la soberbia frente de las rocas, titánicos guardianes de la montaña que habían desafiado allí, durante millares de siglos, las tempestades del cielo y las agitaciones de la tierra.

Los últimos rayos del sol poniente franjaban de oro y de púrpura estos enormes turbantes formados por la niebla, parecían incendiar las nubes agrupadas en el horizonte, rielaban débiles en las aguas tranquilas del remoto lago, temblaban al retirarse de las llanuras invadidas ya por la sombra, y desaparecían después de iluminar con su última caricia la obscura cresta de aquella oleada de pórfido.

Los postreros rumores del día anunciaban por dondequiera la proximidad del silencio. A lo lejos, en los valles, en las faldas de las colinas, a las orillas de los arroyos, veíanse reposando quietas y silenciosas las vacadas; los ciervos cruzaban como sombras entre los árboles, en busca de sus ocultas guaridas; las aves habían entonado ya sus himnos de la tarde, y descansaban en sus lechos de ramas; en las rozas se encendía la alegre hoguera de pino, y el viento glacial del invierno comenzaba a agitarse entre las hojas.

Capítulo 2

Navidad

La noche se acercaba tranquila y hermosa: era el 24 de diciembre, es decir, que pronto la noche de Navidad cubriría nuestro hemisferio con su sombra sagrada y animaría a los pueblos cristianos con sus alegrías íntimas. ¿Quién que ha nacido cristiano y que ha oído renovar cada año, en su infancia, la poética leyenda del nacimiento de Jesús, no siente en semejante noche avivarse los más tiernos recuerdos de los primeros días de la vida?

Yo ¡ay de mí! al pensar que me hallaba, en este día solemne, en medio del silencio de aquellos bosques majestuosos, aun en presencia del magnífico espectáculo que se presentaba a mi vista absorbiendo mis sentidos, embargados poco ha por la admiración que causa la sublimidad de la naturaleza, no pude menos que interrumpir mi dolorosa meditación, y encerrándome en un religioso recogimiento, evoqué todas las dulces y tiernas memorias de mis años juveniles. Ellas se despertaron alegres como un enjambre de bulliciosas abejas y me transportaron a otros tiempos, a otros lugares; ora al seno de mi familia humilde y piadosa, ora al centro de populosas ciudades, donde el amor, la amistad y el placer en delicioso concierto, habían hecho siempre grata para mi corazón esa noche bendita.

Recordaba mi pueblo, mi pueblo querido, cuyos alegres habitantes celebraban a porfía con bailes, cantos y modestos banquetes la Nochebuena. Parecíame ver aquellas pobres casas adornadas con sus Nacimientos y animadas por la alegría de la familia: recordaba la pequeña iglesia iluminada, dejando ver desde el pórtico el precioso Belén, curiosamente levantado en el altar mayor: parecíame oir los armoniosos repiques que resonaban en el campanario, medio derruido, convocando a los fieles a la misa de gallo, y aun escuchaba con el corazón palpitante la dulce voz de mi pobre y virtuoso padre, excitándonos a mis hermanos y a mí a arreglarnos pronto para dirigirnos a la iglesia, a fin de llegar a tiempo; y aun sentía la mano de mi buena y santa madre tomar la mía para conducirme al oficio. Después me parecía llegar, penetrar por entre el gentío que se precipitaba en la humilde nave, avanzar hasta el pie del presbiterio, y allí arrodillarme admirando la hermosura de las imágenes, el portal resplandeciente con la escarcha, el semblante risueño de los *pastores*, el lujo deslumbrador de los *Reyes magos*, y la iluminación espléndida del altar. Aspiraba con delicia el fresco y sabroso aroma de las ramas de pino, y del heno que se enredaba en ellas, que cubría el barandal del presbiterio y que ocultaba el pie de los blandones. Veía después aparecer al sacerdote revestido con su alba bordada, con su casulla de brocado, y seguido de los acólitos, vestidos de rojo con sobrepellices blanquísimas. Y luego, a la voz del celebrante, que se elevaba sonora entre los devotos murmullos del concurso, cuando comenzaban a ascender las primeras columnas de incienso, de aquel incienso recogido en los hermosos árboles de mis bosques nativos, y que me traía con su perfume algo como el perfume de la infancia, resonaban todavía en mis oídos los alegrísimos sones populares con que los tañedores de arpas, de bandolinas y de flautas, saludaban el nacimiento del Salvador. El *Gloria in excelsis*, ese cántico que la religión cristiana poéticamente supone entonado por ángeles y por niños, acompañado por alegres repiques, por el ruido de los petardos y por la fresca voz de los muchachos de coro, parecía transportarme con una ilusión encantadora al lado de mi madre, que lloraba de emoción, de mis hermanitos que reían, y de mi padre, cuyo semblante severo y triste parecía iluminado por la piedad religiosa.

Capítulo 3

Las posadas

Y después de un momento en que consagraba mi alma al culto absoluto de mis recuerdos de niño, por una transición lenta y penosa, me trasladaba a México, al lugar depositario de mis impresiones de joven.

Aquél era un cuadro diverso. Ya no era la familia; estaba entre extraños; pero extraños que eran mis amigos, la bella joven por quien sentí la vez primera palpitar mi corazón enamorado, la familia dulce y buena que procuró con su cariño atenuar la ausencia de la mía.

Eran las posadas con sus inocentes placeres y con su devoción mundana y bulliciosa; era la cena de Navidad con sus manjares tradicionales y con sus sabrosas golosinas; era México, en fin, con su gente cantadora y entusiasmada, que hormiguea esa noche en las calles *corriendo gallo*; con su Plaza de Armas llena de puestos de dulces; con sus portales resplandecientes; con sus dulcerías francesas, que muestran en los aparadores iluminados con gas un mundo de juguetes y de confituras preciosas; eran los suntuosos palacios derramando por sus ventanas torrentes de luz y de armonía. Era una fiesta que aun me causaba vértigo.

Capítulo 4

Soy capitán

Pero volviendo de aquel encantado mundo de los recuerdos a la realidad que me rodeaba por todas partes, un sentimiento de tristeza se apoderó de mí.

¡Ay! había repasado en mi mente aquellos hermosos cuadros de la infancia y de la juventud; pero ésta se alejaba de mí a pasos rápidos, y el tiempo que pasó al darme su poético adiós hacía más amarga mi situación actual.

¿En dónde estaba yo? ¿Qué era entonces? ¿A dónde iba? Y un suspiro de angustia respondía a cada una de estas preguntas que me hacía, soltando las riendas a mi caballo, que continuaba su camino lentamente.

Me hallaba perdido entonces en medio de aquel océano de montañas solitarias y salvajes; era yo un proscrito, una víctima de las pasiones políticas, e iba tal vez en pos de la muerte, que los partidarios en la guerra civil tan fácilmente decretan contra sus enemigos.

Ese día cruzaba un sendero estrecho y escabroso, flanqueado por enormes abismos y por bosques colosales, cuya sombra interceptaba ya la débil luz crepuscular. Se me había dicho que terminaría mi jornada en un pueblecillo de montañeses hospitalarios y pobres, que vivían del producto de la agricultura, y que disfrutaban de un bienestar relativo, merced a su alejamiento de los grandes centros populosos, y a la bondad de sus costumbres patriarcales.

Ya se me figuraba hallarme cerca del lugar tan deseado, después de un día de marcha fatigosa: el sendero iba haciéndose más practicable, y parecía descender suavemente al fondo de una de las gargantas de la sierra, que presentaba el aspecto de un valle risueño, a juzgar por los sitios que comenzaba a distinguir, por los riachuelos que atravesaba, por las cabañas de pastores y de vaqueros que se levantaban a cada paso al costado del camino, y en fin, por ese aspecto singular que todo viajero sabe apreciar aun al través de las sombras de la noche.

Algo me anunciaba que pronto estaría dulcemente abrigado bajo el techo de una choza hospitalaria, calentando mis miembros ateridos por el aire de la montaña, al amor de una lumbre bienhechora, y agasajado por aquella gente ruda, pero sencilla y buena, a cuya virtud debía yo desde hacía tiempo inolvidables servicios.

Mi criado, soldado viejo, y por lo tanto acostumbrado a las largas marchas y al fastidio de las soledades, había procurado distraerse durante el día, ora cazando al paso, ora cantando, y no pocas veces hablando a solas, como si hubiese evocado los fantasmas de sus camaradas del regimiento.

Entonces se había adelantado a alguna distancia para explorar el terreno, y sobre todo, para abandonarme con toda libertad a mis tristes reflexiones.

Repentinamente lo ví volver a galope, como portador de una noticia extraordinaria.

—¿Qué hay, González? —le pregunté.

—Nada, mi capitán, sino que habiendo visto a unas personas que iban a caballo delante de nosotros, me avancé a reconocerlas y a tomar informes, y me encontré con que eran el cura del pueblo adonde vamos, y su mozo, que vienen de una confesión y van al pueblo a celebrar la Nochebuena. Cuando les dije que mi capitán venía a retaguardia, el señor cura me mandó que viniera a ofrecerle de su parte el alojamiento, y allí hizo alto para esperarnos.

—¿Y le diste las gracias?

—Es claro, mi capitán, y aun le dije que bien necesitábamos de todos sus auxilios, porque venimos cansados y no hemos encontrado en todo el día un triste rancho donde comer y descansar.

—¿Y qué tal? ¿parece buen sujeto el cura?

—Es español, mi capitán, y creo que es todo un hombre.

—¡Español! —me dije yo; —eso sí me alarma; yo no he conocido clérigos españoles más que carlistas. En fin, con no promover disputas políticas, me evitaré cualquier disgusto y pasaré una noche agradable. Vamos, González, a reunirnos al cura.

Diciendo esto, puse mi caballo a galope, y un minuto después llegamos adonde nos aguardaban el eclesiástico y su mozo.

Adelantóse el primero con exquisita finura, y quitándose su sombrero de paja me saludó cortésmente.

—Señor capitán —me dijo— en todo tiempo tengo el mayor placer en ofrecer mi humilde hospitalidad a los peregrinos que una rara casualidad suele traer a estas montañas; pero en esta noche, es doble mi regocijo, porque es una noche sagrada para los corazones cristianos, y en la cual el deber ha de cumplirse con entusiasmo: es la Nochebuena, señor.

Dí las gracias al buen sacerdote por su afectuosidad, y acepté desde luego oferta tan lisonjera.

—Tengo una casa cural muy modesta —añadió— como que es la casa de un cura de aldea, y de aldea pobrísima. Mis feligreses viven con el producto de un trabajo ímprobo y no siempre fecundo. Son labradores y ganaderos, y a veces su cosecha y sus ganados apenas les sirven para sustentarse. Así es que mantener a su pastor es una carga demasiado pesada para ellos; y aunque yo procuro aligerarla lo más que me es posible, no alcanzan a darme todo lo que quisieran, aunque por mi parte tengo todo lo que necesito y aun me sobra. Sin embargo, me es preciso anticipar a Vd. esto, señor capitán, para que disimule mi escasez, que, con todo, no será tanta que no pueda yo ofrecer a Vd. una buena lumbre, una blanda cama y una cena hoy muy apetitosa gracias a la fiesta.

—Yo soy soldado, señor cura, y encontraré demasiado bueno cuanto Vd. me ofrezca, acostumbrado como estoy a la intemperie y a las privaciones. Ya sabe Vd. lo que es esta dura profesión de las armas y por eso omito un discurso que ya antes hizo Don Quijote en un estilo que me sería imposible imitar.

Sonrió el cura al escuchar aquella alusión al libro inmortal que siempre será caro a los españoles y a sus descendientes, y así en buen amor y compañía continuamos nuestro camino, platicando sabrosamente.

Cuando nuestra conversación se había hecho más confidencial, díjele que tendría gusto en saber, si no había inconveniente en decírmelo, cómo había venido a México, y por qué él, español y que parecía educado esmeradamente, se había resignado a vivir en medio de aquellas soledades, trabajando con tal rudeza y no teniendo por premio sino una situación que rayaba en miseria.

Contestóme que con mucho placer satisfaría mi curiosidad, pues no había nada en su vida que debiera ocultarse; y que por el contrario, justamente para deshacer en mi ánimo la prevención desfavorable que pudiera haberme producido el saber que era español, pues conocía bastantemente nuestras preocupaciones a ese respecto, se alegraba de poder referirme en los primeros instantes de nuestro conocimiento algo de su vida, mientras llegábamos al pueblecillo, que ya estaba próximo.

Capítulo 5

El señor cura

—Vine al país de Vd.,—me dijo, —muy joven y destinado al comercio, como muchos de mis compatriotas. Tenía yo un tío en México bastante acomodado, el cual me colocó en una tienda de ropas; pero notando algunos meses después de mi llegada que aquella ocupación me repugnaba sobre manera, y que me consagraba con más gusto a la lectura, sacrificando a esta inclinación aun las horas de reposo, preguntóme un día si no me sentía yo con más vocación para los estudios. Le respondí, que en efecto la carrera de las letras me agradaba más; que desde pequeño soñaba yo con ser sacerdote, y que si no hubiese tenido la desgracia de quedar huérfano de padre y madre en España, habría quizás logrado los medios de alcanzar allá la realización de mis deseos. Debo decir a Vd. que soy oriundo de la provincia de Álava, una de las tres vascongadas, y mis padres fueron honradísimos labradores, que murieron teniendo yo muy pocos años, razón por la cual una tía a cuyo cargo quedé se apresuró a enviarme a México, donde sabía que mi susodicho tío había reunido, merced a su trabajo, una regular fortuna. Este generoso tío escuchó con sensatez mi manifestación, y se apresuró a colocarme con arreglo a mis inclinaciones. Entré en un colegio, donde, a sus expensas, hice mis primeros estudios con algún provecho. Después, teniendo una alta idea de la vida monacal, que hasta allí sólo conocía por los elogios interesados que de ella se hacían y por la poética descripción que veía en los libros religiosos, que eran mis predilectos, me puse a pensar seriamente en la elección que iba a hacer de la Orden regular en que debía consagrarme a las tareas apostólicas, sueño acariciado de mi juventud; y después de un detenido examen me decidí a entrar en la religión de los Carmelitas descalzos. Comuniqué mi proyecto a mi tío, quien lo aprobó y me ayudó a dar los pasos necesarios para arreglar mi aceptación en la citada Orden. A los pocos meses era yo fraile; y previo el noviciado de rigor, profesé y recibí las órdenes sacerdotales, tomando el nombre de fray José de San Gregorio, nombre que hice estimar, señor capitán, de mis prelados y de mis hermanos todos, durante los años que permanecí en mi Orden, que fueron pocos.

Residí en varios conventos, y con gran placer recuerdo los hermosos días de soledad que pasé en el pintoresco Desierto de Tenancingo, en donde sólo me inquietaba la amarga pena de ver que perdía en el ocio una vida inútil, el vigor juvenil que siempre había deseado consagrar a los trabajos de la propaganda evangélica.

Conocí entonces, como Vd. supondrá, lo que verdaderamente valían las órdenes religiosas en México; comprendí, con dolor, que habían acabado ya los bellos tiempos en que el convento era el plantel de heroicos misioneros que a riesgo de su vida se lanzaban a regiones remotas a llevar con la palabra cristiana la luz de la civilización, y en que el fraile era... el apóstol laborioso que iba a la misión lejana a ceñirse la corona de las victorias evangélicas, reduciendo al cristianismo a los pueblos salvajes, o la del martirio, en cumplimiento de los preceptos de Jesús.

Varias veces rogué a mis superiores que me permitieran consagrarme a esta santa empresa, y en tantas obtuve contestaciones negativas y aun extrañamientos, porque se suponían opuestos a la regla de obediencia mis entusiastas propósitos. Cansado de inútiles súplicas, y aconsejado por piadosos amigos, acudí a Roma pidiendo mi exclaustración, y al cabo de algún tiempo el Papa me la concedió en un Breve, que tendré el placer de enseñar a Vd.

Por fin iba a realizar la constante idea de mí juventud; por fin iba a ser misionero y mártir de la civilización cristiana. Pero ¡ay! el Breve pontificio llegó en un tiempo en que atacado de una enfermedad que me impedía hacer largos viajes, sólo me dejaba la esperanza de diferir mi empresa para cuando hubiese conseguido la salud.

Esto hace tres años. Los médicos opinaron que en este tiempo podía yo sin peligro inmediato consagrarme a las misiones lejanas, y entretanto, me aconsejaron que dedicándome a trabajos menos fatigosos, como los de la cura de almas en un pueblo pequeño y en un clima frío, procurase conjurar el riesgo de una muerte próxima.

Por eso mi nuevo prelado secular me envió a esta aldea, donde he procurado trabajar cuanto me ha sido posible, consolándome de no realizar aún mis proyectos, con la idea de que en estas montañas también soy misionero, pues sus habitantes vivían, antes de que yo viniese, en un estado muy semejante a la idolatría y a la barbarie. Yo soy aquí cura y maestro de escuela, y médico y consejero municipal. Dedicadas estas pobres gentes a la agricultura y a la ganadería, sólo conocían los principios que una rutina ignorante les había trasmitido, y que no era bastante para sacarlos de la indigencia en que necesariamente debían vivir, porque el terreno por su clima es ingrato, y por su situación lejos de los grandes mercados no les produce lo que era de desear. Yo les he dado nuevas ideas, que se han puesto en práctica con gran provecho, y el pueblo va saliendo poco a poco de su antigua postración. Las costumbres, ya de suyo inocentes, se han mejorado; hemos fundado escuelas, que no había, para niños y para adultos; se ha introducido el cultivo de algunas artes mecánicas, y puedo asegurar a Vd., que sin la guerra que ha asolado toda la comarca, y que aun la amenaza por algún tiempo, si el cielo no se apiada de nosotros, mi humilde pueblecito llegará a disfrutar de un bienestar que antes se creía imposible.

·En cuanto a mí, señor, vivo feliz, cuanto puede serlo un hombre, en medio de gentes que me aman como a un hermano; me creo muy recompensado de mis pobres trabajos con su cariño, y tengo la conciencia de no serles gravoso, porque vivo de mi trabajo, no como cura, sino como cultivador y artesano; tengo poquísimas necesidades y Dios provee a ellas con lo que me producen mis afanes. Sin embargo, sería ingrato si no reconociese el favor que me hacen mis feligreses en auxiliar mi pobreza con donativos de semillas y de otros efectos que, sin embargo, procuro que ni sean frecuentes ni costosos, para no causarles con ellos un gravamen que justamente he querido evitar, suprimiendo las obvenciones parroquiales, usadas generalmente.

—¿De manera, señor cura, —le pregunté,— que Vd. no recibe dinero por bautizos, casamientos, misas y entierros?

—No, señor, no recibo nada, como va Vd. a saberlo de boca de los mismos habitantes. Yo tengo mis ideas, que ciertamente no son las generales; pero que practico religiosamente... Si conozco que un sacerdote que se consagra a la cura de almas debe vivir de algo, considero también que puede vivir sin exigir nada, y contentándose con esperar que la generosidad de los fieles venga en auxilio de sus necesidades. Así creo que lo quiso Jesucristo, y así vivió él; ¿por qué, pues, sus apóstoles no habían de contentarse con imitar a su Maestro, dándose por muy felices de poder decir que son tan ricos como él?

Y no pude contenerme al oir esto; y deteniendo mi caballo, quitándome el sombrero, y no ocultando mi emoción que llegaba hasta las lágrimas, alargué una mano al buen cura, y le dije:

—Venga esa mano, señor, Vd. no es un fraile, sino un apóstol de Jesús…. Me ha ensanchado Vd. el corazón; me ha hecho Vd. llorar… Señor, le diré a Vd. francamente y con mi rudeza militar y republicana, yo he detestado desde mi juventud a los frailes y a los clérigos; les he hecho la guerra; la estoy haciendo todavía en favor de la Reforma, porque he creído que eran una peste; pero si todos ellos fuesen como Vd., señor, ¿quién sería el insensato que se atreviese, no digo a esgrimir su espada contra ellos, pero ni aun a dejar de adorarlos? ¡Oh, señor! yo soy lo que el clero llama un hereje, un impío, un *sansculote*; pero yo aquí digo a Vd., en presencia de Dios, que respeto las verdaderas virtudes cristianas… Así, venero la religión de Jesucristo, como Vd. la practica, es decir, como él la enseñó, y no como la practican en todas partes. ¡Bendita Navidad ésta que me reservaba la mayor dicha de mi vida, y es el haber encontrado a un discípulo del sublime Misionero, cuya venida al mundo se celebra hoy! Y yo venía triste, recordando las Navidades pasadas en mi infancia y en mi juventud, y sintiéndome desgraciado por verme en estas montañas solo con mis recuerdos! ¿Qué valen aquellas fiestas de mi niñez, sólo gratas por la alegría tradicional y por la presencia de la familia? ¿Qué valen los profanos regocijos de la gran ciudad, que no dejan en el espíritu sino una pasajera impresión de placer? ¿Qué vale todo eso en comparación de la inmensa dicha de encontrar la virtud cristiana, la buena, la santa, la modesta, la práctica, la fecunda en beneficios? Señor cura, permítame Vd. apearme y darle un abrazo y protestarle que amo el cristianismo cuando lo encuentro tan puro como en los primeros y hermosos días del Evangelio.

El cura se bajó también de su pobre caballejo, y me abrazó, llorando y sorprendido de mi arranque de sincera franqueza. No podía hablar por su emoción, y apenas pudo murmurar, al estrecharme contra su pecho:

—Pero, señor capitán… yo no merezco… yo creo que cumplo… esto es muy natural; yo no soy nada… ¡qué he de ser yo! ¡Jesucristo! ¡Dios! ¡el pueblo!

Capítulo 6

El carácter religioso

Después de este abrazo volvimos a montar a caballo, y continuamos nuestro camino en silencio, porque la emoción nos embargaba la voz.

La obscuridad se había hecho más densa; pero yo veía en el cura, cuyo semblante aun no conocía, algo luminoso; tan cierto es que la simpatía y la admiración se complacen en revestir a la persona simpática y admirada con los atractivos de la Divinidad.

Iba yo repasando en mi memoria los hermosos tipos ideales del buen sacerdote moderno, ... a los cuales se parecía mi compañero de camino, y no recordaba más que a dos con los cuales tuviera una extraña semejanza. El uno era el virtuoso *Vicario de Aldea*, de Enrique Zschokke, cuyo diario había leído siempre con lágrimas, porque el ilustre escritor suizo ha sabido depositar en él raudales de inmensa ternura y de dulcísima resignación.

El otro era el *P. Gabriel*, de Eugenio Sue, que este fecundo novelista ha sabido hacer popular en el mundo entero con su famoso *Judío Errante*. En aquella época aun no había publicado Víctor Hugo sus *Miserables*, y por consiguiente no había yo admirado la hermosa personificación de Monseñor Myriel, que tantas lágrimas de cariño ha hecho derramar después. Verdad es que conocía la historia de varios célebres misioneros cuyas virtudes honraban al cristianismo; pero siempre encontraba en su carácter un lunar que me hacía perder en parte mi entusiasta veneración hacia ellos. Sólo había podido, pues, admirar en toda su plenitud a los personajes ideales que he mencionado. Así es que el haber encontrado en medio de aquellas montañas al hombre que realizaba el sueño de los poetas cristianos y al verdadero imitador de Jesús, me parecía una agradabilísima pero fugaz ilusión, hija de mi imaginación solitaria y entristecida por los recuerdos. Y, sin embargo, no era así; el sacerdote existía, me había hablado, caminaba junto a mí, y pronto iba a confirmar con mis propias observaciones la idea que acababa de darme de su carácter asombroso, en pocas palabras dichas con una sencillez y una sinceridad tanto más incuestionables, cuanto que ningún interés podía tener en aparecer de tal modo a los ojos de un viajero pobre, militar subalterno e insignificante.

Capítulo 7

El pueblo del señor cura

De repente, y al desembocar de un pequeño cañón que formaban dos colinas, el pueblecillo se apareció a nuestra vista, como una faja de rojas estrellas en medio de la obscuridad, y el viento de invierno pareció suavizarse para traernos en sus alas el vago aroma de los huertos, el rumor de las gentes y el simpático ladrido de los perros, ladrido que siempre escucha el caminante durante la noche con intensa alegría.

—Ahí tiene Vd. mi pueblo, señor capitán, —me dijo el cura.

—Me parece muy pintoresco, —le contesté,— a juzgar por la posición de las luces, y por el aire balsámico que nos llega y que revela que allí hay pequeños jardines.

—Sí, señor; los hay muy bonitos. Como el clima es muy frío y el terreno bastante ingrato, los habitantes se limitaban, antes de que yo llegara aquí, a cultivar algunos pobres árboles que no les servían más que para darles sombra: unas cuantas y tristes flores nacían enfermizas en los cercados, y en vano se hubiera buscado en las casas la más común hortaliza para una ensalada o para un puchero. Los alimentos se reducían a tortillas de maíz, frijol, carne y queso; lo bastante para no morirse de hambre, y aun para vivir con salud; pero no para hacer más agradable la vida con algunas comodidades tan útiles como inocentes.

Yo les insinué algunas mejoras en el cultivo; hice traer semillas y plantas propias para el clima, y como los vecinos son laboriosísimos, ellos hicieron lo demás. Jamás un hombre fué mejor comprendido que lo fui yo; y era de verse, el primer año, como hombres, mujeres, ancianos y niños, a porfía, cambiaban el aspecto de sus casas, ensanchaban sus corrales, plantaban árboles en sus huertos, y aprovechaban hasta los más humildes rincones de tierra vegetal para sembrar allí las más hermosas flores y las más raras hortalizas.

Un año después, el pueblecito, antes árido y triste, presentaba un aspecto risueño. Hubiérase dicho que se tenía a la vista una de esas alegres aldeas de la Saboya o de mis queridos Pirineos, con sus cabañas de paja o con sus techos rojos de teja, sus ventanas azules y sus paredes adornadas con cortinas de trepadoras, sus patios llenos de árboles frutales, sus callecitas sinuosas, pero aseadas, sus granjas, sus queseras y su gracioso molino. Su iglesita pobre y linda, si bien está escasa de adornos de piedra y de altivos pórticos, tiene, en cambio en su pequeño atrio, esbeltos y coposos árboles; las más bellas parietarias enguirnaldan su humilde campanario con sus flores azules y blancas; su techo de paja presenta con su color obscuro, salpicado por el musgo, una vista agradable; la cerca del atrio es un rústico enverjado formado por los vecinos con troncos de encina, en los que se ostentan familias enteras de orquídeas, que hubieran regocijado al buen barón de Humboldt y al modesto y sabio Bonpland; y el suelo ostenta una rica alfombra de caléndulas silvestres, que fueron a buscarse entre las más preciosas de la montaña. En fin, señor, la vegetación, esa incomparable arquitectura de Dios, se ha encargado de embellecer esa casa de oración, en la que el alma debe encontrar por todas partes motivos de agradecimiento y de admiración hacia el Creador.

De este modo, el trabajo lo ha cambiado todo en el pueblo; y sin la guerra, que ha hecho sentir hasta estos desiertos su devastadora influencia, ya mis pobres feligreses, menos escasos de recursos, habrían mejorado completamente de situación; sus cosechas les habrían producido más, sus ganados, notablemente superiores a los demás del rumbo, habrían tenido más valor en los mercados, y la recompensa habría hecho nacer el estímulo en toda la comarca, todavía demasiado pobre.

Pero ¿qué quiere Vd.? Los trigos que comienzan a cultivarse en nuestro pequeño valle necesitan un mercado próximo para progresar, pues hasta ahora la cosecha que se ha levantado, sólo ha servido para el alimento de los vecinos.

Yo estoy contento, sin embargo, con este progreso, y la primera vez que comí un pan de trigo y maíz, como en mi tierra natal, lloré de placer, no sólo porque eso me traía a la memoria los tiernos recuerdos de la patria, sino porque comprendí que con este pan, más sano que la tortilla, la condición física de estos pueblos iba a mejorar también: ¿no opina Vd. lo mismo?

—Seguramente: yo creo, como todo el que tiene buen sentido, que la buena y sana alimentación es ya un elemento de progreso.

—Pues bien, —continuó el cura; —yo, con el objeto de establecer aquí esa importantísima mejora, he procurado que hubiese un pequeño molino, suficiente, por lo pronto, para las necesidades del pueblo. Uno de los vecinos más acomodados tomó por su cuenta realizar mi idea. El molino se hizo, y mis feligreses comen hoy pan de trigo y de maíz. De esta manera he logrado abolir para siempre esa horrible tortura que se imponían las pobres mujeres, moliendo el maíz en la piedra que se llama *metate*; tortura que las fatiga durante la mayor parte del día, robándoles muchas horas que podían consagrar a otros trabajos, y ocasionándoles muchas veces enfermedades dolorosas....

Al principio he encontrado resistencias, provenidas de la costumbre inveterada, y aun del amor propio de las mujeres, que no querían aparecer como perezosas, pues aquí, como en todos los pueblos pobres de México, y particularmente los indígenas, una de las grandes recomendaciones de una doncella que va a casarse es la de que *sepa moler*, y ésta será tanto mayor, cuanta mayor sea la cantidad de maíz que la infeliz reduzca a tortillas. Así se dice: *Fulana es muy mujercita, pues muele un almud o dos almudes, sin levantarse*. Ya Vd. supondrá que las pobres jóvenes, por obtener semejante elogio, se esfuerzan en tamaña tarea, que llevan a cabo sin duda alguna, merced al vigor de su edad, pero que no hay organización que resista a semejante trabajo, y sobre todo, a la penosa posición en que se ejecuta. La cabeza, el pulmón, el estómago, se resienten de esa inclinación constante de la *molendera*, el cuerpo se deforma y hay otras mil consecuencias que el menos perspicaz conoce. Así es que mi molino ha sido el redentor de estas infelices vecinas, y ellas lo bendicen cada día, al verse hoy libres de su antiguo sacrificio, cuyos funestos resultados comprenden hasta ahora, al observar el estado de su salud, y al aprovechar el tiempo en otros trabajos.

Como el cultivo del trigo, se ha introducido el de otros cereales no menos útiles y con igual prontitud. He traído también *pacholes* de algunas leguminosas que he encontrado en la montaña, y con las cuales la benéfica naturaleza nos había favorecido, sin que estos habitantes hubiesen pensado en aprovecharlas.

En cuanto a árboles frutales, ya los verá Vd. mañana. Tenemos manzanas, perales, cerezos, albaricoqueros, castaños, nogales y almendros, y eso en casi todas las casas: algunos vecinos han plantado pequeños viñedos, y yo estoy ensayando ahora una plantación de moreras y de madroños, para saber si podrá establecerse el cultivo de los gusanos de seda. En fin, se ha hecho lo posible; y no contento yo con realizar mis propias ideas, pregunto a las personas sensatas, y escucho sus opiniones con gusto y respeto. Vd. se servirá darme la suya después de visitar mi pueblo.

—Con mucho gusto, señor, a pesar de mi ignorancia suma. Mi buen sentido y mi experiencia por mis viajes son lo único que puede permitirme hacer a Vd. algunas indicaciones. ¿Y en cuanto a ganados?

—Estos montañeses los poseían en pequeña cantidad, y en su mayor parte vacuno. Ahora se consagran con más empeño al ganado menor. Se han traído algunos merinos; se han propagado fácilmente, y ya existen rebaños bastante numerosos, que se aumentan cada día en razón de que no se consumen para el alimento diario.

—¿No gusta aquí esa carne?

—Poco: diré a Vd. francamente, soy yo quien no gusto de comer carne; y como mis pobres feligreses se han acostumbrado por simpatía a amoldarse a mis gustos, ellos también van quitándose la costumbre, sin que por eso les diga yo sobre ello una sola palabra. Por eso verá Vd. también en el pueblo relativamente pocas aves de corral. Pongo yo poco empeño en la propagación de esas desgraciadas víctimas del apetito humano. En general, yo prefiero la agricultura, y sólo cuido con esmero a los animales que ayudan al hombre en los rudos y santos trabajos del campo. Así, los bueyes que hay en el pueblo son quizás los más robustos y los mejores del rumbo, porque son también los mejor cuidados. Los mulos y los caballos son ligeros y robustos, como conviene a un país montañoso; aunque a decir verdad, hay más de los primeros que de los segundos, porque sirven aquéllos para cargar las mieses que se conducen por nuestros escabrosos caminos; pero éstos no son útiles más que para algunos enfermos como yo, o para las mujeres, pues los habitantes prefieren andar a pie, en lo cual hacen muy bien.

—Señor cura, —le dije, —estoy muy contento de oir a Vd., y me parece admirable la rapidez con que Vd. ha cambiado la faz de estos pobres lugares.

—La religión, señor capitán, la religión me ha servido de mucho para hacer todo esto. Sin mi carácter religioso quizás no habría yo sido escuchado ni comprendido. Verdad es que yo no he propuesto todas esas reformas en nombre de Dios, ni fingiéndome inspirado por Él: mi dignidad se opone a esta superchería; pero evidentemente mí carácter de sacerdote y de cura, daba una autoridad a mis palabras, que los montañeses no habrían encontrado en la boca de una persona de otra clase.

Además, ellos han tenido ocasión todos los días de conocer la sinceridad de mis consejos, y esto me ha servido muchísimo para lograr mi principal objeto, que es el de formar su carácter moral; porque yo no pierdo de vista que soy, ante todo, el misionero evangélico. Sólo que yo comprendo así mi cristiana misión: debo procurar el bien de mis semejantes por todos los medios honrados; a ese fin debo invocar la religión de Jesús como causa, para tener la civilización y la virtud como resultado preciso. El Evangelio no sólo es la Buena Nueva bajo el sentido de la conciencia religiosa y moral, sino también desde el punto de vista del bienestar social. La bella y santa idea de la Fraternidad humana en todas sus aplicaciones debe encontrar en el misionero evangélico su más entusiasta propagandista; y así es como este apóstol logrará llevar a los altares de un Dios de paz a un pueblo dócil, regenerado por el trabajo y por la virtud, al campo y al taller, a un pueblo inspirado por la idea religiosa que le ha impuesto, como una ley santa, la ley del trabajo y de la hermandad.

—Señor cura, —volví a decir entusiasmado, —¡Vd. es un demócrata verdadero!

El cura me miró sonriendo a la luz de la primera fogata que los alegres vecinos habían encendido a la entrada del pueblo y que atizaban a la sazón tres chicuelos.
—Demócrata o discípulo de Jesús, ¿no es acaso la misma cosa?... me contestó.
—¡Oh! tiene Vd. razón, tiene Vd. razón; pero no es así como se piensa allá en otras partes. ¡Dios mío! ¡qué bendita Navidad ésta que me ha hecho encontrar lo que me había parecido un sueño de mi juventud entusiasta!

Capítulo 8

El hermano cura

Pero los chicos, luego que vieron al cura, vinieron a saludarlo alegremente, y luego corrieron al centro del pueblecillo gritando:

—¡El hermano cura! ¡el hermano cura!

—¡El hermano cura! —repetí yo con extrañeza; —¡qué raro! ¿Es así como llaman aquí a su párroco?

—No, señor, —me respondió el sacerdote, —antes le llamaban aquí, como en todas partes, el *señor cura*; pero a mí me desagrada esa fórmula, demasiado altisonante, y he rogado a todos que me llamen el *hermano cura*: esto me da mayor placer.

—Es Vd. completo. ¡Y yo que he venido llamando a Vd. el señor cura!

—Pues bien: está Vd. perdonado, con tal de que siga llamándome su amigo nada más.

Yo apreté la mano de aquel hombre honrado y humilde, y me aparté un poco para dejar a la gente, que había acudido a su encuentro, saludarlo a todo su sabor... Los ancianos le abrazaban (pues se había bajado del caballo) con ternura paternal, y él era quien los saludaba con veneración; los hombres le hablaban como a un hermano, y los chicos como a un maestro. En todos se notaba una afectuosa y sincera familiaridad.

Al llegar a su casita, que estaba, como es costumbre, junto a la pequeña iglesia parroquial, y en lo que podía llamarse plaza, el cura, enseñándome una bella casa grande, la más bella quizás del pueblo, me dijo:

—¡Ahí tiene Vd. nuestra escuela!

Y como yo me mostrara un poco admirado de verla tan bonita y aseada, revelando luego que era el edificio predilecto de los vecinos, observé en éstos, al felicitarlos, un sentimiento de justísimo orgullo. El más viejo de los que estaban cerca, me dijo:

—Señor, es *él* quien merece la enhorabuena; por *él* la tenemos, y por *él* saben leer nuestros hijos. Cuando nosotros la levantamos, aconsejados por él, y la concluimos, al verla tan nueva y tan linda, le propusimos que se fuera a vivir en ella, porque le debemos muchos beneficios, y que nos dejara el curato para la escuela, pero se enfadó con nosotros y nos preguntó si él valía acaso más que los niños del pueblo, y si necesitaba ocupar tantas piezas él solo. Nos avergonzamos y conocimos nuestro disparate. Es muy bueno el hermano cura, ¿no le parece a Vd.?

Yo fui a abrazar al cura en silencio y más conmovido que nunca.

Entramos por fin en la casa del curato, que era pequeña y modesta, pero muy aseada y embellecida con un jardincillo, provista de una cuadra y de un corral. La gente se detuvo en la puerta. Adentro aguardaban al cura el alcalde con algunos ancianos y algunas mujeres de edad. El cura se quitó el sombrero delante del alcalde, dando así un ejemplo del constante respeto que debe tenerse a la autoridad, emanada del pueblo; saludó cariñosamente a las viejas vecinas, y entró conmigo y los hombres a su saloncito, que no era más grande que un cuarto común. Pero antes de entrar, una de las viejas, robusta y venerable vecina, que revelaba en su semblante bondadoso una gran pena, detuvo al cura, y le preguntó en voz baja:

—Hermano cura, ¿lo ha visto Vd. por fin? ¿Está más aliviado? ¿vendrá esta noche?

—¡Ah! sí, Gertrudis, —respondió el cura; —se me olvidaba... lo ví, hablé con él, está triste, muy triste; pero vendrá, me lo ha prometido.

—Pues voy a avisárselo a Carmen para que se alegre, —replicó la anciana... ¡si viera Vd. como ha llorado, hermano cura, temiendo que no viniera! ¡Pobre muchacha!

—Que no tenga cuidado, Gertrudis, que no tenga cuidado.

—Aquí hay algo de amor, amigo mío, —me atreví a decir al cura.

—Sí, —me dijo éste con aire tranquilo: —ya lo sabrá Vd. esta noche: es una pequeña novela de aldea, un idilio inocente como una flor de la montaña; pero en el que se mezcla el sufrimiento que está atormentando dos corazones. Vd. me ayudará a llevar a buen término el desenlace de esa historia esta misma noche.

—¡Oh! con mucho gusto: nada podría halagar tanto mi corazón; también yo he amado y he sufrido, —dije acordándome súbitamente de lo que había olvidado durante tantas horas, merced a los recuerdos de Navidad y a la conversación del cura. —¡Yo también llevo en el alma un mundo de recuerdos y de penas! ¡Yo también he amado! —repetí.

—Es natural... dijo también suspirando el cura, e inclinando con melancolía su frente pensadora, surcada por arrugas precoces.

Aquello me puso silencioso, y así tomé asiento junto a un buen fuego que ardía en la humilde chimenea del saloncito.

Capítulo 9

Los villancicos

Hasta entonces pude examinar completamente la persona del cura. Parecía tener como treinta y seis años; pero quizás sus enfermedades, sus fatigas y sus penas eran causa de que en su semblante, franco y notable por su belleza varonil, se advirtiese un no sé qué de triste, que no alcanzaban a disipar ni la dulzura de su sonrisa, ni la tranquilidad de su acento, hecho para conmover y para convencer.

Quizás yo me engaño en esto, y mi preocupación haya sido la que puso para mis ojos, en la frente y en la mirada del cura, esa nube de melancolía de que acabo de hablar.

Es que yo no puedo figurarme jamás a un pensador, sin suponerlo desgraciado en el fondo. Para mí el talento elevado siempre es presa de dolores íntimos, por más que ellos se oculten en los recónditos pliegues de un carácter sereno. La energía moral, por victoriosa que salga de sus luchas con los obstáculos de la suerte y con las pasiones de los hombres, siempre queda herida de esa enfermedad incurable que se llama la tristeza; enfermedad que no siempre conocemos, porque no nos es dado contemplar a veces a los grandes caracteres en sus momentos de soledad, cuando dejan descubierta el alma en la sombra del misterio.

El cura era indudablemente uno de esos personajes raros en el mundo, y por eso yo no lo creía feliz. Hubiera sido imposible para mí, después de haberlo escuchado, considerarlo como una de esas medianías que encuentran motivos de dicha en todas partes.

Continuando mi examen, ví que era robusto, más bien por el ejercicio que por la alimentación. Sus miembros eran musculosos, y su cuerpo, en general, conservaba la ligereza de la juventud. Sobre todo, lo que llamaba mi atención de una manera particular, era su frente de un profeta, y que aun estaba coronada por espesos cabellos de un rubio pálido; era la mirada tranquila y dulce de sus ojos azules, que parecían estar contemplando siempre el mundo de lo ideal; era su nariz, ligeramente aguileña, y que revelaba una gran firmeza de carácter. Todo este conjunto de facciones acentuadas y de un aspecto extraordinario, estaba corregido por una frecuente sonrisa, que apareciendo en unos labios bermejos y ligeramente sombreados por la barba, y en unos dientes blanquísimos, daba al semblante de aquel hombre un aire profundamente simpático, pero netamente humano.

Su traje era modestísimo, casi pobre, y se limitaba a chaqueta, chaleco y pantalón negros, de paño ordinario, sobre todo lo cual vestía, quizás a causa de la estación, un sobretodo de paño más grueso y del mismo color.

Cuando acabó de hablar con el alcalde, se levantó, y haciéndome una seña me presentó a aquel honrado personaje, a quien no solamente saludé, sino que, en cumplimiento de mis deberes militares, me presenté oficialmente, habiéndome excusado él con suma bondad de la fórmula de presentación en la casa municipal esa noche, aunque ofrecí poner en sus manos mi pasaporte al día siguiente.

Después, el cura me presentó a un sujeto que había estado hablando con él, juntamente con el alcalde, y cuya inteligente fisonomía me había llamado ya la atención.

—El señor, —me dijo el cura, —es el preceptor del pueblo, de quien yo soy ayudante; pero todavía más, amigo íntimo, hermano.

—Es mi maestro, —señor capitán, —se apresuró a añadir el preceptor. —Yo le debo lo poco que sé; y le debo más, la vida.

—Chist... —replicó el cura; —Vd. es bueno y exagera los oficios de mi amistad. Pero Vd. está fatigado, capitán, y preciso será tomar un refrigerio, sea que quiera Vd. dormir, o bien acompañarnos en la cena de Navidad. Yo no lo acompañaré a Vd., porque tengo que decir la *misa de gallo*; ya sabe Vd., costumbres viejas, y que no encuentro inconveniente en conservar, puesto que no son dañosas. Aquí no hay desórdenes a propósito de la gran fiesta cristiana y de la misa. Nos alegramos como verdaderos cristianos.

Guióme entonces el cura a un pequeño comedor, en el que también ardía un agradable fuego, y allí nos acompañó al preceptor y a mí mientras que tomábamos una merienda frugal, pues no quise privarme del placer de hacer los honores a la tradicional cena de Navidad.

Después, dejándome reposar un rato, salió con el preceptor a preparar en la iglesia todo lo necesario para el oficio.

Cuando volvió, me invitó a dar una vuelta por la placita, en que se había reunido alguna gente en derredor de los tocadores de arpa, y al amor de las hermosas hogueras de pino que se habían encendido de trecho en trecho.

La plazoleta presentaba un aspecto de animación y de alegría que producían una impresión grata. Los arpistas tocaban sonatas populares y los mancebos bailaban con las muchachas del pueblo. Las vendedoras de buñuelos y de bollos con miel y castañas confitadas, atraían a los compradores con sus gritos frecuentes, mientras que los muchachos de la escuela formaban grandes corros para cantar villancicos, acompañándose de panderetas y pitos, delante de los pastores de las cercanías y demás montañeses que habían acudido al pueblo para pasar la fiesta.

Nos acercamos al más grande de estos corros, y a la luz de la hoguera pude ver rostros y personajes verdaderamente dignos de Belén, y que me recordaron el hermoso cuadro del *Nacimiento de Jesús*, de nuestro Cabrera, que decora la sacristía de Tasco. En efecto, esas cabezas rudas, morenas y enérgicamente acentuadas, con sus flotantes cabelleras grises y sus largas barbas; esas sonrisas bonachonas y esos brazos nervudos apoyándose en el cayado, parecen ser el modelo que sirvió a nuestro famoso pintor para su *Adoración de los Pastores*. Y junto a ellos, y haciendo contraste, las muchachas del pueblo con su fisonomía dulce, sus mejillas sonrosadas y su traje pintoresco; y los niños con su semblante alegre, sus carrillos hinchados para tocar los pitos, o sus bracitos agitados tocando los panderos; todo aquello me pareció un sueño de Navidad.

El cura notó mi curiosidad y me dijo:

—Esos hombres son en efecto pastores de las cercanías, y pastores verdaderos, como los que aparecen en los idilios de Teócrito y en las Églogas de Virgilio y de Garcilaso. Hacen una vida enteramente bucólica, y no vienen a poblado sino en las grandes fiestas, como la presente. A pocas leguas de aquí están apacentándose hoy sus numerosos rebaños, en los terrenos que les arriendan los pueblos cercanos. Estos rebaños se llaman *haciendas flotantes*; pertenecen a ricos propietarios de las ciudades, y muchas veces a un rico pastor que en persona viene a cuidar su ganado. Estos hombres son dependientes de esas haciendas y viven comúnmente en las majadas que establecen en las gargantas de la sierra. Hoy han venido en mayor número, porque, como Vd. supondrá, la Nochebuena es su fiesta de familia. Ellos traen también sus arpas de una cuerda, sus zampoñas y sus tamboriles, y cantan con buena y robusta voz sus villancicos en la iglesia, aquí en la plaza y en la cena que es costumbre que dé el alcalde en su casa esta noche: justamente van a cantar; óigalos Vd.

En efecto, los pastores se ponían de acuerdo con los muchachos para cantar sus villancicos, y preludiaban en sus instrumentos. Uno de los chicuelos cantaba un verso, y después los pastores y los demás muchachos lo repetían acompañados de la zampoña, de la guitarra montañesa y de los panderos.

He aquí los que recuerdo, y que son conocidísimos y se han transmitido de padres a hijos durante cien generaciones:

Pastores, venid, venid, Veréis lo que no habéis visto, En el portal de Belén, El nacimiento de Cristo.

Los pastores daban saltos Y bailaban de contento, Al par que los angelitos Tocaban los instrumentos.

Los pastores y zagalas Caminan hacia el portal, Llevando llenos de frutas El cesto y el delantal.

Los pastores de Belén Todos juntos van por leña Para calentar al Niño Que nació la Nochebuena.

La Virgen iba a Belén; Le dió el parto en el camino, Y entre la mula y el buey Nació el Cordero divino.

A las doce de una noche, Que más feliz no se vio, Nació en un Ave-María Sin romper el alba, el Sol.

Un pastor, comiendo sopas, En el aire divisó Un ángel que le decía: Ya ha nacido el Redentor.

Todos le llevan al Niño; Yo no tengo que llevarle; Las alas del corazón Que le sirvan de pañales.

Todos le llevan al Niño, Yo también le llevaré Una torta de manteca Y un jarro de blanca miel.

Una pandereta suena, Yo no sé por dónde va, Camina para Belén Hasta llegar al portal.

Al ruido que llevaba, El Santo José salió; No me despertéis al Niño, Que ahora poco se durmió.

Pero los siguientes, por su carácter melancólico, me agradaron mucho:

Una gitana se acerca Al pie de la Virgen pura, Hincó la rodilla en tierra Y le dijo la ventura.

Madre del Amor hermoso, Así le dice a María, A Egipto irás con el Niño Y José en tu compañía.

Saldrás a la media noche, Ocultando al Sol divino; Pasaréis muchos trabajos Durante todo el camino.

Os irá bien con mi gente, Os tratarán con cariño; Los ídolos, cuando entréis, Caerán al suelo rendidos.

Mirando al Niño divino Le decía enternecida: ¡Cuánto tienes que pasar, Lucerito de mi vida!

La cabeza de este Niño, Tan hermosa y agraciada, Luego la hemos de ver Con espinas traspasada.

Las manitas de este Niño, Tan blancas y torneadas, Luego las hemos de ver En una cruz enclavadas.

Los piececitos del Niño Tan chicos y sonrosados, Luego los hemos de ver Con un clavo taladrados.

Andarás de monte en monte Haciendo mil maravillas, En uno sudarás sangre, En otro darás la vida.

La más cruel de tus penas Te la predigo con llanto. Será que en tus redimidos, Señor, hallarás ingratos.

No parece sino que el poeta popular y desconocido que compuso este villancico de la gitanilla, quiso, a propósito del Niño Jesús, encerrar en una triste predicción la que ante la cuna de todos los niños puede hacerse de los sufrimientos que los esperan en la vida.

Y después de versos tan melancólicos, los cantares concluyeron con éste que lo era más aún:

La Nochebuena se viene, La Nochebuena se va, Y nosotros nos iremos Y no volveremos más.

—Todos estos villancicos antiguos son de origen español, —dijo el cura, —y yo advierto que la tradición los conserva aquí constantemente como en mi país. Respetables por su antigüedad y por ser hijos de la ternura cristiana, tal vez de una madre, poetisa desconocida del pueblo, tal vez de un niño, tal vez de infelices ciegos, pero de seguro, de esos trovadores obscuros que se pierden en el torbellino de los desgraciados, yo los oigo siempre con cariño, porque me recuerdan mi infancia. Pero desearía de buena gana que los substituyeran con otros más filosóficos, más adecuados a nuestras ideas religiosas actuales, más propios para inspirar en las masas, en esta noche, sentimientos no de una alegría o de una ternura inútiles, sino de una caridad y una esperanza siempre fecundas en la conciencia de los pueblos. Pero no hay quien se consagre a esta hermosa poesía popular, tan sencilla como bella, y además sería preciso que el pueblo la aceptase gustoso, para que se pudiera generalizar y perpetuar.

Capítulo

10 Misa de gallo

—Pero he ahí las once y media, —dijo el cura al oir el alegre repique que anunciaba la *misa de gallo*. —Si Vd. gusta, nos dirigiremos a la iglesia, que no tardará en llenarse de gente.

Así lo hicimos: el cura se separó de mí para ir a la sacristía a ponerse sus vestidos sacerdotales. Yo penetré en la pequeña nave por la puerta principal, y me acomodé en un rincón desde donde pude examinarlo todo. El templo, en efecto, era pequeño como me lo había anunciado el cura: era una verdadera capilla rústica, pero me agradó sobremanera. El techo era de paja, pero las delgadas vigas que lo sostenían, colocadas simétricamente, y el tejido de blancos juncos que adhería a ellas la paja, estaba hecho con tal maestría por los montañeses, que presentaba un aspecto verdaderamente artístico. Las paredes eran blancas y lisas, y en las laterales, además de dos puertas de entrada, había una hilera de grandes ventanas, todo lo cual proporcionaba la necesaria ventilación…

* * * *

En la iglesia de aquel pueblecillo afortunado, y en presencia de aquel cura virtuoso y esclarecido, comprendí de súbito que lo que yo había creído difícil, largo y peligroso, no era sino fácil, breve y seguro, siempre que un clero ilustrado … viniese en ayuda del gobernante.

He ahí a un sacerdote que había realizado en tres años lo que la autoridad civil sola no podrá realizar en medio siglo pacíficamente. Allí veía yo una casa de oración…; allí el espíritu, inspirado por la piedad, podía elevarse, sin distracciones… hacia el Creador para darle gracias y para tributarle un homenaje de adoración.

La pequeña iglesia no contenía más altares que el que estaba en el fondo, y que se hallaba a la sazón adornado con un Belén…

Las paredes, por todas partes, estaban lisas, y, entonces, los vecinos las habían decorado profusamente con grandes ramas de pino y de encina, con guirnaldas de flores y con bellas cortinas de heno, salpicadas de escarcha.

Noté, además, que, contra el uso común de las iglesias mexicanas, en ésta había bancos para los asistentes, bancos que entonces se habían duplicado para que cupiese toda la concurrencia, de modo que ninguno de los fieles se veía obligado a sentarse en el suelo sobre el frío pavimento de ladrillo. Un órgano pequeño estaba colocado a la puerta de entrada de la nave, y pulsado por un vecino, iba a acompañar los coros de niños y de mancebos que allí se hallaban ya, esperando que comenzara el oficio.

El altar mayor era sencillo y bello. Un poco más elevado que el pavimento, lo dividía de éste un barandal de cantería pintado de blanco. Seguía el altar, en el que ardían cuatro hermosos cirios sobre candeleros de madera, y en el fondo estaba el *Nacimiento*, es decir, un portalito rústico, con las imágenes, bastante bellas, de San José, de la Virgen y del Niño Jesús, con sus indispensables mula y toro, y pequeños corderos; todo rodeado de piedras llenas de musgo, de ramas de pino, de encina, de parásitas muy vistosas, de heno y de escarcha, que es, como se sabe, el adorno obligado de todo altar de Nochebuena.

Tanto este altar, como la iglesia toda, estaban bien iluminados con candelabros, repartidos de trecho en trecho, y con dos lámparas rústicas, pendientes de la techumbre.

A las doce, y al sonoro repique a vuelo de las campanas, y a los acentos melodiosos del órgano, el oficio se comenzó. El cura, revestido con una alba muy bella y una casulla modesta, y acompañado de dos acólitos vestidos de blanco, comenzó la misa. El incienso, que era compuesto de gomas olorosísimas que se recogían en los bosques de la tierra caliente, comenzó a envolver con sus nubes el hermoso cuadro del altar; la voz del sacerdote se elevó suave y dulce en medio del concurso, y el órgano comenzó a acompañar las graves y melancólicas notas del canto llano, con su acento sonoro y conmovedor.

Yo no había asistido a una misa desde mi juventud, y había perdido con la costumbre de mi niñez la unción que inspiran los sentimientos de la infancia, el ejemplo de piedad de los padres y la fe sencilla de los primeros años.

Así es que había desdeñado después asistir a estas funciones, profesando ya otras ideas y no hallando en mi alma la disposición que me hacía amarlas en otro tiempo.

Pero entonces, allí, en presencia de un cuadro que me recordaba toda mi niñez, viendo en el altar a un sacerdote digno y virtuoso, aspirando el perfume de una religión pura y buena, juzgué digno aquel lugar de la Divinidad; el recuerdo de la infancia volvió a mi memoria con su dulcísimo prestigio, y con su cortejo de sentimientos inocentes; mi espíritu desplegó sus alas en las regiones místicas de la oración, y oré, como cuando era niño.

Parecía que me había rejuvenecido; y es que cuando uno se figura que vuelven aquellos serenos días de la niñez, siente algo que hace revivir las ilusiones perdidas, como sienten nueva vida las flores marchitas al recibir de nuevo el rocío de la mañana.

* * * *

La misa, por lo demás, nada tuvo de particular para mí. Los pastores cantaron nuevos villancicos, alternando con los coros de niños que acompañaba el órgano.

El cura, una vez concluido el oficio, vino a hacer en lengua vulgar, delante del concurso, la narración sencilla del Evangelio sobre el nacimiento de Jesús. Supo acompañarla de algunas reflexiones consoladoras y elocuentes, sirviéndole siempre de tema la fraternidad humana y la caridad, y se alejó del presbiterio, dejando conmovidos a sus oyentes.

El pueblo salió de la iglesia, y un gran número de personas se dirigió a la casa del alcalde. Yo me dirigí también allá con el cura.

Capítulo

11 Hermosa Navidad

La casa del alcalde era amplia, hermosa e indicaba el bienestar de su dueño. En el patio, rodeado de rústicos corredores, y plantado de castaños y nogales, se habían extendido numerosas esteras. Para los ancianos y enfermos se había reservado el lugar que estaba al abrigo del frío, y para los demás se había destinado la parte despejada del patio, en el centro del cual ardía una hermosa hoguera. Allí la gente robusta de la montaña podía cenar alegremente, teniendo por toldo el bellísimo cielo de invierno, que ostentaba a la sazón, en su fondo obscuro y sereno, su ejército infinito de estrellas.

La casa estaba coquetamente decorada con el adorno propio del día. El heno colgaba de los árboles, entonces despojados de hojas, se enredaba en las columnas de madera de los corredores, formaba cortinas en las puertas, se tendía como alfombra en el patio, y cubría casi enteramente las rústicas mesas. Tal adorno es el favorito en estas fiestas del invierno en todas partes. Parece que la poética imaginación popular lo escoge de preferencia en semejantes días para representar con él las últimas pompas de la vegetación. El heno representa la vejez del año, como las rosas representan su juventud.

El alcalde, honrado y buen anciano, padre de una numerosa familia, labrador acomodado del pueblo, presidía la cena, como un patriarca de los antiguos tiempos. Junto a él nos sentábamos nosotros, es decir, el cura, el maestro de escuela y yo.

La cena fué abundante y sana. Algunos pescados, algunos pavos, la tradicional ensalada de frutas, a las que da color el rojo betabel, algunos dulces, un *puding* hecho con harina de trigo, de maíz y pasas, y todo acompañado con el famoso y blanco pan del pueblo, he ahí lo que constituyó ese banquete, tan variado en otras partes. Se repartió algún vino; los pastores tomaron una copa de aguardiente a la salud del alcalde y del cura, y a mí me obsequiaron con una botella de Jerez seco, muy regular para aquellos rumbos.

Concluida que fué la cena, el maestro de escuela llamó por su nombre a uno de los niños, sus alumnos, y le indicó que recitara el romance de Navidad que había aprendido ese año. El niño fué a tomar lugar en medio de la concurrencia, y con gran despejo y buena declamación, recitó el romance…

Todos aplaudieron al niño; el cura me preguntó:

—¿Conoce Vd. ese romance, capitán?

—Francamente, no; pero me agrada por su fluidez, por su corrección, y por sus imágenes risueñas y deliciosas.

—Es del famoso Lope de Vega, capitán. Yo desde hace tres años he hecho que uno de los chicos de la escuela recite, después del banquete de esta noche, una de estas buenas composiciones poéticas españolas, en lugar de los malísimos versos que había costumbre de recitar y que se tomaban de los cuadernitos que imprimen en México y que vienen a vender por aquí los mercaderes ambulantes… De este modo, los niños van enriqueciendo su memoria con buenas piezas, que se hacen después populares, y se ejercitan en la declamación, dirigidos por mi amigo y su maestro, que es muy hábil en ella.

—Señor, —respondió el maestro de escuela, dirigiéndose a mí, —ya he dicho a Vd. que todo lo que sé, lo debo al hermano cura; y ahora añadiré, porque es para mí muy grato recordarlo esta noche, que hoy hace justamente tres años... Permítame Vd., hermano, que yo lo refiera; se lo ruego a Vd., —añadió, contestando al cura que le pedía se callase: —hoy hace tres años que iba yo a ser víctima del fanatismo. Era yo un infeliz preceptor de un pueblo cercano, que habiendo recibido una educación imperfecta, me dediqué sin embargo, por necesidad, a la enseñanza primaria, recibiendo en cambio una mezquina retribución de doce pesos. Servía yo, además, de notario al cura y de secretario al alcalde, y trabajaba mucho. Pero en las horas de descanso procuraba yo ilustrar mi pobre espíritu con útiles lecturas que me proporcionaba encargando libros o adquiriéndolos de los viajeros que solían pasar, y que, mirando mi afición, me regalaban algunos que traían por casualidad. De este modo pasé catorce años; y como es natural, a fuerza de perseverancia, llegué a reunir algunos conocimientos, que por imperfectos que fuesen me hicieron superior a los vecinos del lugar, que me escuchaban siempre con atención y a veces con simpatía y participando de mis opiniones. Entonces acertó a llegar de cura a este pueblo un clérigo ... que desaprobó mi método de enseñanza; me ordenó suspender las clases ... y acabó por querer también asesorar a la autoridad municipal en todos sus asuntos,... y tanto, que con motivo de las nuevas leyes dadas por el gobierno liberal, predicó la desobediencia y aun se puso de acuerdo con las partidas de rebeldes que por ese rumbo aparecieron luchando contra la *Constitución*. Yo entonces creí conveniente advertir a la autoridad el peligro que había en escuchar las sugestiones del cura, y me manifesté opuesto a sujetarme a sus órdenes en cuanto a la enseñanza de mis niños... Hablé sobre ello a los vecinos, pero el cura había trabajado con habilidad en la conciencia de esos infelices, y haciendo mérito de varias opiniones mías... me presentó como un hereje, como un maldito de Dios y como un hombre abominable. Yo nada pude hacer para contrarrestar aquella hostilidad; las autoridades no me sostenían,... y me resigné a los peligros que me traía mi independencia de carácter. No aguardé mucho tiempo. Al llegar la Nochebuena de hace tres años, el pueblo, embriagado y excitado... se dirigió a mi casa, me sacó de ella y me llevó a una barranca cercana a esta población para matarme. ¡Figúrese Vd. la aflicción de mi mujer y de mis hijos! Pero el más grandecito de ellos, iluminado por una idea feliz, corrió a este pueblo, donde hacía poco había llegado el hermano cura aquí presente y que me había dado muestras de amistad las diversas veces que había ido a ver mi escuela. Mi hijo le avisó del peligro que yo corría, y no se necesitó más; vino a salvarme. En manos de aquellos furiosos caminaba yo maniatado, y ya había llegado a la barranca con el corazón presa de una angustia espantosa por mi familia; ya aquellos hombres, ebrios y engañados se precipitaban a darme la muerte por hereje y maldito, cuando se detuvieron llenos de un terror y de un respeto sólo comparables a su ferocidad. Iba a amanecer, y la indecisa luz de la madrugada alumbraba aquel cuadro de muerte, cuando de súbito se apareció en lo alto de una pequeña colina cercana un sacerdote, vestido de negro, que hacía señas y que se acercaba al grupo apresuradamente. Seguíanle este mismo señor alcalde, que entonces lo era también, y un gran grupo de vecinos. El hermano cura llegó, se encaró con mis verdugos y les preguntó porqué iban a matarme.

—Por hereje, señor cura, le respondieron: este hombre no cree en Dios, ni es cristiano, ni va a misa, ni respeta a nuestros santos, y es enemigo del *padrecito* de nuestro pueblo...

Ya supondrá Vd., capitán, lo que el hermano cura les diría. Su voz indignada, pero tranquila, resonaba en aquel momento como una voz del cielo. Les echó en cara su crimen; los humilló; los hizo temblar; los convenció, y los obligó a ponerse de rodillas para pedir perdón por su delito. Yo creo que temían que un rayo los redujera a cenizas. Se apresuraron a desatarme; me entregaron libre al cura, quien me abrazó llorando de emoción; vinieron a suplicarme que los perdonara y en ese momento apareció mi infeliz mujer, jadeando de fatiga, gritando y mostrando en sus brazos a mi hijo más pequeño, implorando piedad para mí. Al verme libre; al ver a un cura, a quien reconoció desde luego, lo comprendió todo: corrió a mis brazos, y no pudiendo más, perdió el sentido. Aquella gente estaba atónita; el hermano cura que había recibido en sus brazos a mi pequeña criatura, lloraba en silencio, y todo el mundo se había arrodillado. En ese momento salió el sol, y parecía que Dios fijaba en nosotros su mirada inmensa.

¡Ah, señor capitán! ¡cómo olvidar semejante noche! La tengo grabada en el alma de una manera constante; y si alguna vez he creído ver la sublime imagen de Jesucristo sobre la tierra, ha sido ésa, en que el hermano cura me salvó a mí de la muerte, a toda una familia infeliz de la orfandad, y a aquellos desgraciados fanáticos del infierno de los remordimientos.

—Y nosotros, —dijo el alcalde, llorando con una voz conmovida pero resuelta, y dirigiéndose al concurso que escuchaba enternecido; —nosotros allí mismo hemos jurado no permitir jamás, aun a costa de nuestras vidas, que se mate a nadie: no digo a un inocente, pero ni a un criminal, ni a un salteador, ni a un asesino. El hermano cura nos convenció para siempre de que los hombres no tenemos derecho de privar de la vida a ninguno de nuestros semejantes; de manera que si la ley manda ajusticiar a alguno de sus delitos, que ella lo haga, pero fuera de nuestro pueblo: aquí hemos de procurar que nunca se haga tal cosa, porque el pueblo se mancharía; y para no vernos en esa vergüenza y en ese conflicto, lo que tenemos que hacer es ser honrados siempre. —¡Siempre! ¡siempre! resonó por todas partes, pronunciado hasta por la voz de los niños.

El cura me apretaba la mano fuertemente, y yo besé la suya, que regué con unas lágrimas que hacía años no había podido derramar.

Cuando hubo pasado aquel momento de profunda emoción, el cura se apresuró a presentarme a dos personas respetabilísimas, sentadas cerca de nosotros y que no habían sido las que menos se conmovieran con el relato del maestro de escuela. Estas dos personas eran un anciano vestido pobremente de estatura pequeña, pero en cuyo semblante, en que podían descubrirse todos los signos de la raza indígena pura, había un no sé qué que inspiraba profundo respeto. La mirada era humilde y serena; estaba casi ciego, y la melancolía del indio parecía de tal manera característica a ese rostro, que se hubiera dicho que jamás una sonrisa había podido iluminarlo.

Los cabellos del anciano eran negros, largos y lustrosos, a pesar de la edad; la frente elevada y pensativa; la nariz aguileña; la barba poquísima y la boca severa. El tipo, en fin, era el del habitante antiguo de aquellos lugares, no mezclado para nada con la raza conquistadora. Llamábanle el tío Francisco. Era el modelo de los esposos y de los padres de familia. Había sido acomodado en su juventud; y aunque ciego después y combatido por la más grande miseria, había opuesto a estas dos calamidades tal resignación, tal fuerza de espíritu y tal constancia en el trabajo, que se había hecho notable entre los montañeses, quienes le señalaban como el modelo del varón fuerte. La rectitud de su conciencia, y su instrucción no vulgar entre aquellas gentes, así como su piedad acrisolada, le habían hecho el consultor nato del pueblo, y a tal punto se llevaba el respeto por sus decisiones, que se tenía por inapelable el fallo que pronunciaba el tío Francisco en las cuestiones sometidas a su arbitraje patriarcal. No pocas veces las autoridades acudían a él en las graves dificultades que se les ofrecían; y su pobre cabaña en la que se abrigaba su numerosa familia, sujeta casi siempre a grandes privaciones, estaba enriquecida por la virtud y santificada por el respeto popular. El anciano indígena era el único, antes de la llegada del cura, que dirimía las controversias sobre tierras, a quien se llevaban las quejas de las familias, de consultas sobre matrimonios y sobre asuntos *de conciencia*, y jamás un vecino tuvo que lamentarse de su decisión, siempre basada en un riguroso principio de justicia. Después de la llegada del cura, éste había hallado en el tío Francisco su más eficaz auxiliar en las mejoras introducidas en el pueblo, así como su más decidido y virtuoso amigo. En cambio, el patriarca montañés profesaba al cura un cariño y una admiración extraordinarios, gustaba mucho de oirle hablar sobre religión, y se consolaba en las penas que le ocasionaban su ceguera y su pobreza, escuchando las dulces y santas palabras del joven sacerdote.

La otra persona era la mujer del tío Francisco, una virtuosísima anciana, indígena también y tan resignada, tan llena de piedad como su marido, a cuyas virtudes añadía las de un corazón tan lleno de bondad, de una laboriosidad tan extremada, de una ternura maternal tan ejemplar y de una caridad tan ardiente, que hacían de aquella singular matrona una santa, un ángel. El pueblo entero la reputaba como su joya más preciada, y tiempo hacía que su nombre se pronunciaba en aquellos lugares como el nombre de un genio benéfico. Se llamaba la tía Juana, y tenía siete hijos.

El cura, que me daba todos estos informes, me decía:

—No conocí a mi virtuosa madre; pero tengo la ilusión de que debió parecerse a esta señora en el carácter, y de que si hubiera vivido habría tenido la misma serena y santa vejez que me hace ver en derredor de esa cabeza venerable una especie de aureola. Note Vd. ¡qué dulzura de mirada, qué corazón tan puro revela esa sonrisa! ¡qué alegría y resignación en medio de la miseria y de las espantosas privaciones que parecen perseguir a estos dos ancianos! Y esta pobre mujer, envejecida más por los trabajos y las enfermedades que por la edad, flaca y pálida ahora, fué una joven dotada de esa gracia sencilla y humilde de las montañesas de este rumbo, y que ellas conservan, como Vd. ha podido ver, cuando no la destruyen los trabajos, las penas y las lágrimas.

Sin embargo, el cielo, que ha querido afligir a estos desventurados y virtuosos viejos con tantas pruebas, les reserva una esperanza. Su hijo mayor está estudiando en un colegio, hace tiempo; y como el muchacho se halla dotado de una energía de voluntad verdaderamente extraordinaria, a pesar de los obstáculos de la miseria y del desamparo en que comenzó sus estudios, pronto podrá ver el resultado de sus afanes y traer al seno de su familia la ventura, tan largo tiempo esperada por sus padres. Tan dulce confianza alegra los días de esa familia infeliz, digna de mejor suerte.

Al acabar de decirme esto el cura, se acercó a él la misma señora de edad que lo había llamado aparte e iba hablándole cuando llegamos al pueblo. Iba seguida de una joven hermosísima, la más hermosa tal vez de la aldea. La examiné con tanta atención, cuanto que la suponía, como era cierto, la heroína de la historia de amor que iba a desenlazarse esa noche, según me anunció el cura.

Tenía como veinte años, y era alta, blanca, gallarda y esbelta como un junco de sus montañas. Vestía una finísima camisa adornada con encajes, según el estilo del país, enaguas de seda de color obscuro; llevaba una pañoleta de seda encarnada sobre el pecho, y se envolvía en un rebozo fino, de seda también, con larguísimos flecos morados. Llevaba, además, pendientes de oro; adornaba su cuello con una sarta de corales y calzaba zapatos de seda muy bonitos. Revelaba, en fin, a la joven labradora, hija de padres acomodados. Este traje gracioso de la virgen montañesa la hizo más bella a mis ojos, y me la representó por un instante como la Ruth del idilio bíblico, o como la esposa del *Cantar de los Cantares*.

La joven bajaba a la sazón los ojos, e inclinaba el semblante llena de rubor; pero cuando lo alzó para saludarnos, pude admirar sus ojos negros, aterciopelados y que velaban largas pestañas, así como sus mejillas color de rosa, su nariz fina y sus labios rojos y frescos. ¡Era muy linda!

¿Qué penas podría tener aquella encantadora montañesa? Pronto iba a saberlo, y a fe que estaba lleno de curiosidad.

La señora mayor se acercó al cura y le dijo:

—Hermano, Vd. nos había prometido que Pablo vendría... ¡y no ha venido! —La señora concluyó esta frase con la más grande aflicción.

—Sí: ¡no ha venido! —repitió la joven, y dos gruesas lágrimas rodaron por sus mejillas.

Pero el cura se apresuró a responderles.

—Hijas mías, yo he hecho lo posible, y tenía su palabra; pero ¿acaso no está entre los muchachos?

—No, señor, no está, —replicó la joven; —ya lo he buscado con los ojos y no lo veo.

—Pero, Carmen, hija, —añadió el alcalde, —no te apesadumbres, si el hermano cura te responde, tu hablarás con Pablo.

—Sí, tío; pero me había dicho que sería hoy, y lo deseaba yo, porque Vd. recuerda que hoy hace tres años que se lo llevaron, y como me cree culpable, deseaba yo en este día pedirle perdón... ¡Harto ha padecido el pobrecito!

—Amigo mío,—dije yo al cura, —¿podría Vd. decirme qué pena aflige a esta hermosa niña y por qué desea ver a esa persona? Vd. me había prometido contarme esto, y mi curiosidad está impaciente.

—¡Oh! es muy fácil, —contestó el sacerdote, —y no creo que ellas se incomoden. Se trata de una historia muy sencilla, y que referiré a Vd. en dos palabras, porque la sé por esta muchacha y por el mancebo en cuestión. Siéntense Vds., hijas mías, mientras refiero estas cosas al señor capitán, —añadió el cura, dirigiéndose a la señora y a Carmen, quienes tomaron un asiento junto al alcalde.

—Pablo era un joven huérfano de este pueblo, y desde su niñez había quedado a cargo de una tía muy anciana, que murió hace cuatro años. El muchacho era trabajador, valiente, audaz y simpático, y por eso lo querían los muchachos del pueblo; pero él se enamoró perdidamente de esta niña Carmen, que es la sobrina del señor alcalde, y una de las jóvenes mas virtuosas de toda la comarca.

Carmen no correspondió al afecto de Pablo, sea por que su educación, extremadamente recatada, la hiciese muy tímida todavía para los asuntos amorosos, sea, lo que yo creo más probable, que la asustaba la ligereza de carácter del joven, muy dado a galanteos, y que había ya tenido varias novias a quienes había dejado por los más ligeros motivos.

Pero la esquivez de Carmen no hizo más que avivar el amor de Pablo, ya bastante profundo, y que él ni podía ni trataba de dominar.

Seguía a la muchacha por todas partes, aunque sin asediarla con importunas manifestaciones. Recogía las más exquisitas y bellas flores de la montaña, y venía a colocarlas todas las mañanas en la puerta de la casa de Carmen, quien se encontraba al levantarse con estos hermosos ramilletes, adivinando por supuesto qué mano los había colocado allí. Pero todo era en vano: Carmen permanecía esquiva y aun aparentaba no comprender que ella era el objeto de la pasión del joven. Éste, al cabo de algún tiempo de inútil afán, se apesadumbró, y quizás para olvidar, tomó un mal camino, muy mal camino.

Abandonó el trabajo, contentóse con ganar lo suficiente para alimentarse y se entregó a la bebida y al desorden. Desde entonces aquel muchacho tan juicioso antes, tan laborioso, y a quien no se le podía echar en cara más que ser algo ligero, se convirtió en un perdido. Perezoso, afecto a la embriaguez, irascible, camorrista y valiente como era, comenzó a turbar con frecuencia la paz de este pueblo, tan tranquilo siempre, y no pocas veces, con sus escándalos y pendencias, puso en alarma a los habitantes y dió que hacer a sus autoridades. En fin, era insufrible, y naturalmente se atrajo la malevolencia de los vecinos, y con ella la frialdad, mayor todavía, de Carmen, que si compadecía su suerte, no daba muestras ningunas de interesarse por cambiarla, otorgándole su cariño.

Por aquellos días justamente llegué al pueblo, y como es de suponerse, procuré conocer a los vecinos todos. El señor alcalde presente, que lo era entonces también, me dió los más verídicos informes, y desde luego me alegré mucho de no encontrarme sino con buenas gentes, entre quienes, por sus buenas costumbres, no tendría trabajo en realizar mis pensamientos. Pero el alcalde, aunque con el mayor pesar, me dijo que no tenía más que un mal informe que añadir a los buenos que me había comunicado, y era sobre un muchacho huérfano, antes trabajador y juicioso, pero entonces muy perdido, y que además estaba causando al pueblo el grave mal de arrastrar a otros muchachos de su edad por el camino del vicio. Respondí al alcalde que ese pobre joven corría de mi cuenta, y que procuraría traerlo a la razón.

En efecto, lo hice llamar, lo traté con amistad, le dí excelentes consejos; él se conmovió de verse tratado así; pero me contestó que su mal no tenía remedio, y que había resuelto mejor desterrarse para no seguir siendo el blanco de los odios del pueblo; pero que era difícil para él cambiar de conducta.

La obstinación de Pablo, cuyo origen comprendía yo, me causó pena, porque me reveló un carácter apasionado y enérgico, en el que la contrariedad, lejos de estimularle, le causaba desaliento, y en el que el desaliento producía la desesperación. Fueron, pues, vanos mis esfuerzos.

Yo sabía muy bien lo que Pablo necesitaba para volver a ser lo que había sido. La esperanza en su amor habría hecho lo que no podía hacer la exhortación más elocuente; pero esta esperanza no se le concedía, ni era fácil que se le concediese, pues cada día que pasaba Carmen se mostraba más severa con él, a lo que se agregaba que la señora madre de ella y el alcalde su tío no cesaban de abominar la conducta del muchacho, y decían frecuentemente que primero querían ver muerta a su hija y sobrina, que saber que ella le profesaba el menor cariño.

Además, como los mancebos más acomodados del pueblo deseaban casarse con Carmen, y sólo los contenía para hacer sus propuestas el miedo que tenían a Pablo, cuyo valor era conocido y cuya desesperación le hacía capaz de cualquiera locura, se hacía urgente tomar una providencia para desembarazarse de un sujeto tan pernicioso.

Pronto se presentó una oportunidad para realizar este deseo de los deudos de Carmen. Había estallado la guerra civil, y el gobierno había pedido a los distritos de este Estado un cierto número de reclutas para formar nuevos batallones. Los prefectos los pidieron a su vez a los pueblos, y como éste es pequeño, su gente muy honrada y laboriosa, la autoridad sólo exigió al alcalde que le mandase a los vagos y viciosos. Ya conoce Vd. la costumbre de tener el servicio de las armas como una pena, y de condenar a él a la gente perdida. Es una desgracia.

—Y muy grande, —respondí, —semejante costumbre es nociva, y yo deseo que concluya cuanto antes esta guerra, para que el legislador escoja una manera de formar nuestro ejército sobre bases más conformes con nuestra dignidad y con nuestro sistema republicano.

—Pues bien, —continuó el cura. —Por aquellos días, la antevíspera de la Nochebuena, se presentó aquí un oficial con una partida de tropa, con el objeto de llevarse a sus reclutas. El pueblo se conmovió, temiendo que fueran a diezmarse las familias, los jóvenes se ocultaron y las mujeres lloraban. Pero el alcalde tranquilizó a todos diciendo que el prefecto le daba facultad para no entregar más que a los viciosos, y que no habiendo en el lugar más que uno, que era Pablo, ése sería condenado al servicio de las armas. E inmediatamente mandó aprehenderlo y entregarlo al oficial.

Dióme tristeza la disposición del alcalde cuando la supe, pero no era posible evitarla ya, y además la aprehensión de Pablo era el pararrayos que salvaba a los demás jóvenes del pueblo.

Algunas gentes compadecieron al pobre muchacho; pero ninguno se atrevió a abogar por su libertad, y el oficial lo recibió preso.

Parece que Pablo, en la noche del día 23, burlando la vigilancia de sus custodios, y merced a su conocimiento del lugar y a su agilidad montañesa, pudo escaparse de su prisión, que era la casa municipal, donde la tropa se había acuartelado, y corrió a la casa de Carmen: llamó a ésta y a la madre, que asustadas, acudieron a la puerta a saber qué quería. Pablo dijo a la joven, que así como había venido a hablarla, podía muy bien huir a las montañas; pero que deseaba saber, ya en esos momentos muy graves para él, si no podía abrigar esperanza ninguna de ser correspondido, pues en este caso se resignaría a su suerte, e iría a buscar la muerte en la guerra; y si sintiendo por él algún cariño Carmen, se lo decía, se escaparía inmediatamente, procuraría cambiar de conducta y se haría digno de ella.

Carmen reflexionó un momento, habló con la madre y respondió, aunque con pesar, al joven, que no podía engañarlo; que no debía tener ninguna esperanza de ser correspondido; que sus parientes lo aborrecían, y que ella no había de querer darles una pesadumbre reteniéndolo, particularmente cuando no tenía confianza en sus promesas de reformarse, porque ya era tarde para pensar en ello. Así es que sentía mucho su suerte, pero que no estaba en su mano evitarla.

Oyendo esto, Pablo se quedó abatido, dijo adiós a Carmen, y se alejó lentamente para volver a su prisión.

—¡Ay! Así fué, —dijo Carmen sollozando; —yo tuve la culpa... de todo lo que ha padecido...

—Pero, hija, —replicó la señora; —si entonces era tan malo...

—Al día siguiente, —continuó el cura, —a las ocho de la mañana, el oficial salió con su partida de tropa, batiendo marcha y llevando entre filas y atado al pobre muchacho, que inclinaba la frente entristecido, al ver que las gentes salían a mirarlo.

—¡Adiós, Pablo!... repetían las mujeres y los niños asomándose a la puerta de sus cabañas; pero él no oyó la voz querida ni vió el semblante de Carmen entre aquellos curiosos.

En la noche de ese día 24 se hizo la función de Nochebuena, y se dispuso la cena en este mismo lugar; pero habiendo comenzado muy alegre, se concluyó tristemente, porque al llegar la hora de la alegría, del baile y del bullicio, todo el mundo echó de menos al alegre muchacho, que aunque vicioso, era el alma, por su humor ligero, de las fiestas del pueblo.

—¡Ay! ¡pobrecito de Pablo! ¿En dónde estará a estas horas? —preguntó alguien.

—¡En dónde ha de estar! —respondió otro... —en la cárcel del pueblo cercano; o bien desvelado por el frío, y bien amarrado, en el monte donde hizo jornada la tropa.

No bien hubo oído Carmen estas palabras, cuando no pudo más y rompió a llorar. Se había estado conteniendo con mucha pena, y entonces no pudo dominarse. Esto causó mucha sorpresa, porque era sabido que no quería a Pablo, de modo que aquel llanto hizo pensar a todos, que aunque la muchacha le mostraba aversión por sus desórdenes, en el fondo lo quería algo.

El señor alcalde se enfadó, lo mismo que la señora, y se retiraron, concluyéndose en seguida la cena de esa manera tan triste.

Han pasado ya tres años. No volvimos a tener noticias de Pablo, hasta hace cinco meses, en que volvió a aparecer en el pueblo; se presentó al alcalde enseñando su pasaporte y su licencia absoluta, y pidiendo permiso para vivir y trabajar en un lugar de la montaña, a seis leguas de aquí. En dos años se había operado un gran cambio en el carácter, y aun en el físico de Pablo. Había servido de soldado, se había distinguido entre sus compañeros por su valor, su honradez y su instrucción militar, de modo que había llegado hasta ser oficial en tan poco tiempo. Pero habiendo recibido muchas heridas en sus campañas, heridas de las que todavía sufre, pidió su licencia para retirarse a descansar de los trabajos de la guerra, y sus jefes se la concedieron con muchas recomendaciones.

Pablo no tardó más que algunas horas en el pueblo, cambió su traje militar por el del labrador montañés, compró algunas provisiones e instrumentos de labranza, y partió a su montaña sin ver a nadie, ni a Carmen, ni a mí. Retirado a aquel lugar, comenzó a llevar una vida de Robinson. Escogió la parte más agreste de las montañas; construyó una choza, desmotó el terreno, y haciendo algunas excursiones a las aldeas cercanas, se proporcionó semillas y cuanto se necesitaba para sus proyectos.

Sus viajes de soldado por el centro de la República le han sido muy útiles. Ha aprovechado algunas ideas sobre la agricultura y horticultura, y las ha puesto en práctica aquí con tal éxito, que da gusto ver su *roza*, como él la llama humildemente. No, no es una simple *roza* aquélla, sino una hermosa plantación de mucho porvenir. Está muy naciente aún; pero ya promete bastante. Sus árboles frutales son exquisitos, su pequeña siembra de maíz, de trigo, de chícharo y de lenteja, le ha producido de luego a luego una cosecha regular. Merced a él, hemos podido gustar fresas, como las más sabrosas del centro, pues las cultiva en abundancia, y no parece extraño a la afición a las flores, pues él ha sembrado por todas partes violetas, como las de México (y no inodoras como las de aquí), pervincas, mosquetas, malvarosas, además de todas las flores aromáticas y raras de nuestra sierra. Ha plantado un pequeño viñedo, y a él he encargado precisamente de cuidar mis moreras nacientes y que están colocadas en otro lugar más a propósito por su temperatura. En suma, es infatigable en sus tareas, parece poseído por una especie de fiebre de trabajo. Se diría que desea demostrar al pueblo que lo arrojó de su seno por su conducta, que no merecía aquella ignominia, y que en su mano estaba volver al buen camino, si la persona a quien había hecho tal promesa hubiera dado crédito a sus palabras.

Los pastores de los numerosos rebaños que pastan en estas cercanías, como he dicho a Vd., lo adoran, porque apenas se ha sentido la presencia de una fiera en tal o cual lugar, por los daños que hace, cuando Pablo se pone voluntariamente en su persecución y no descansa hasta no traerla muerta a la majada misma que sirve de centro al rebaño perjudicado. Y Pablo no acepta jamás la gratificación que es costumbre dar a los otros cazadores de fieras dañinas, sino que después de haber traído muertos al tigre, al lobo o al leopardo, o de haber avisado a los pastores en qué lugar queda tendido, se retira sin hablar más. Esta singularidad de carácter, junta a su rara generosidad y a su valor temerario, han acabado por granjearle el cariño de todo el mundo; sólo que nadie puede expresárselo como quisiera, porque Pablo huye de las gentes, pasa los días en una taciturnidad sombría; y a pesar de que padece mucho todavía a causa de sus heridas, a nadie acude para curarse limitándose a pedir a los labradores montañeses o a los aldeanos que pasan, algunas provisiones a cambio del producto de su plantación. Cerca de ésta tiene su pequeña cabaña, rodeada de rocas que él ha cubierto con musgo y flores: allí vive como un ermita o como un salvaje, trabajando durante el día, leyendo algunos libros en algunos ratos, de noche, y siempre combatido por una tristeza tenaz.

Conmovido yo por semejante situación, he ido a verlo algunas veces. Él me espera, me obsequia, me escucha, pero se resiste siempre a venir al pueblo. Un día, en que supe que estaba postrado y sufriendo a consecuencia de sus heridas y de la entrada del invierno, quise llevar conmigo a la señora madre de Carmen para que esto le sirviese de consuelo; pero él apenas nos divisó a lo lejos, huyó a lo más escabroso y escondido de la sierra, y no pudimos hacer otra cosa que dejarle algunas medicinas y provisiones, retirándonos llenos de sentimiento por no haberle visto.

—Pero ese muchacho, —interrumpí, —va a acabar por volverse loco, llevando semejante vida, parecida a la que hacía Amadís; es preciso sacarlo de ella.

—Indudablemente, —contestó el cura, —eso mismo he pensado yo y he puesto los medios para que termine. Vd. habrá comprendido cuál debía ser el único eficaz, porque a mí no se me oculta que Pablo ha seguido amando a esta muchacha, con más fuerza cada día; sólo que, altivo por carácter, y resentido en lo profundo de su alma por lo que había pasado, no puede ya pensar en el objeto de su cariño sin que la sombra de sus recuerdos venga luego a renovar la herida y a engendrarle esa desesperación que se ha convertido en una peligrosa melancolía.

—Pero en fin... esta niña... —pregunté yo con una rudeza en que había mucho de curiosidad. Carmen no respondió; se cubría el rostro con las manos y sollozaba.

—¡Ah! entiendo, señor cura, —continué; —entiendo: y ya era tiempo, porque la suerte de ese infeliz amante me iba afligiendo de una manera...

—Como Vd. me concederá también, —repuso el cura, —yo no podía hacer otra cosa, aun conociendo la verdadera pena de Pablo, que aguardar a mi vez, porque por nada de este mundo hubiera querido hablar a Carmen de los sufrimientos del joven; temía ser la causa de que esta sensible y buena muchacha se resolviera a hacer un sacrificio *por compasión* hacia Pablo, o bien que llegase a tenerle un poco de cariño originado por la misma *compasión*. Vd., capitán, en su calidad de hombre de mundo, estimará desde luego el valor que podría tener un *amor de compasión*. Nada hay mas frágil que esto, y nada que acareé más desgracias a los corazones que aman.

Yo deseaba saber si Carmen había amado a Pablo antes, y a pesar de sus defectos, aunque lo hubiera ocultado aun a sí misma por recato y por respeto a la opinión de sus parientes. Si no hubiera sido así, yo deseaba al menos que hoy lo amara, convencida de sus virtudes y estimando en lo que vale su noble carácter un poco fiero, es verdad, pero digno y apasionado siempre.

Mientras yo no supiera esto, me parecía peligrosa toda gestión que hiciera para favorecer a mi protegido; y ni a éste dije jamás una sola palabra de ello, como él tampoco me dejó conocer nunca, ni en la menor expresión, el verdadero motivo de sus padecimientos y de su soledad.

Hice bien en esperar: el amor, el verdadero amor, el que por más obstáculos que encuentre llega por fin a estallar, vino pronto en mi auxilio.

Un día, hace apenas tres, el señor alcalde vino a verme a mi casa, me llamó aparte y me dijo:

—Hermano cura, necesitamos mi familia y yo de la bondad de Vd., porque tenemos un asunto grave, y en el que se juega tal vez la vida de una persona que queremos muchísimo.

—¿Pues qué hay, señor alcalde? —le pregunté asustado.

—Hay, hermano cura, que la pobre Carmen, mi sobrina, está enamorada, muy enamorada, y ya no puede disimularlo ni tener tranquilidad: está enferma, no tiene apetito, no duerme, no quiere ni hablar.

—¿Es posible? —pregunté yo alarmadísimo, porque temí una revelación enteramente contraria a mis esperanzas. —¿Y de quién está enamorada Carmen, puede decirse?

—Sí, señor, puede decirse, y a eso vengo precisamente. Ha de saber Vd., que cuando Pablo, ya sabe Vd., Pablo, el soldado, la pretendía hace algunos años, mi hermana y yo, que no queríamos al muchacho por desordenado y ocioso, procuramos sin embargo averiguar si ella le tenía algún cariño, y nos convencimos de que no le tenía ninguno, y de que le repugnaba lo mismo que a nosotros. Por eso yo me resolví a entregarlo a la tropa, pues de ese modo quitábamos del pueblo a un sujeto nocivo y libraba yo a mi sobrina de un impertinente. Pero Vd. se acordará de aquella misma Nochebuena en que, al hablar de Pablo en mi casa, cuando estábamos cenando, Carmen se echó a llorar. Pues bien: desde entonces su madre se puso a observarla día a día; y aunque de pronto no le siguió conociendo nada extraordinario, después se persuadió de que su hija quería al mancebo. Y se persuadió, porque Carmen no quiso nunca oir hablar de casamiento, ni dió oídos a las propuestas que le hacían varios muchachos honrados y acomodados del pueblo. Cuando se hablaba de Pablo, Carmen se ponía descolorida, triste, y se retiraba a su cuarto; y en fin, no hablaba de él jamás, pero parece que no lo olvidó nunca.

Así ha pasado todo este tiempo; pero desde que volvió Pablo, mi sobrina ha perdido enteramente la tranquilidad: el día en que supo que estaba aquí, todos advertimos su turbación aunque no sabíamos bien si era la alegría, o el susto, o la sorpresa lo que la había puesto así. Después, cuando ha sabido la clase de vida que hace Pablo en la montaña, suspiraba, y a veces lloraba, hasta que por fin mi hermana se ha resuelto ahora a preguntarle con franqueza lo que tiene y si quiere a ese mancebo. Carmen le ha respondido que sí lo quiere; que lo ha querido siempre, y que por eso se halla triste; pero que cree que Pablo la ha de aborrecer ya, porque la ha de considerar como la causa de todos sus padecimientos, y eso lo indica el no querer venir al pueblo, ni verla para nada. Que ella desearía hablarle, sólo para pedirle perdón, si lo ha ofendido, y para quitarle del corazón esa espina, pues no estará contenta mientras él tenga rencor. Esto es lo que pasa, hermano; y ahora vengo a rogar a Vd. que vaya a ver a Pablo y lo obligue a venir, con el pretexto de la cena de pasado mañana, para que Carmen le hable, y se arregle alguna otra cosa, si es posible, y si el muchacho todavía la quiere; porque yo tengo miedo de que mi sobrina pierda la salud si no es así.

—Ya Vd. comprenderá, capitán, mi alegría: ni preparado por mí hubiera salido mejor esto. Aproveché una salida del pueblo para una confesión; corrí a la montaña; ví a Pablo; le insté por que viniera, y me lo ofreció… extraño mucho que no haya cumplido.

Al decir esto el cura, un pastor atravesó el patio y vino a decir al cura y al alcalde que Pablo estaba descansando en la puerta del patio, porque habiendo estado muy enfermo y habiendo hecho el camino muy poco a poco, se había cansado mucho.

Un grito de alegría resonó por todas partes: el alcalde y el cura se levantaron para ir al encuentro del joven; la madre de Carmen se mostró muy inquieta, y ésta se puso a temblar, cubriéndose su rostro de una palidez mortal…

—Vamos, niña, —le dije, —tranquilícese Vd.; debe tener el corazón como una roca ese muchacho si no se muere de amor delante de Vd.

Carmen movió la cabeza con desconfianza, y en este instante el alcalde y el cura entraron trayendo del brazo —a un joven alto, moreno, de barba y cabellos negros que realzaba entonces una gran palidez, y en cuya mirada, llena de tristeza, podía adivinarse la firmeza de un carácter altivo.

Era Pablo.

Venía vestido como los montañeses, y se apoyaba en un bastón largo y nudoso.

—¡Viva Pablo! —gritaron los muchachos arrojando al aire sus sombreros; las mujeres lloraban, los hombres vinieron a saludarlo. El alcalde lo condujo a donde se hallaban su hermana y sobrina, diciéndole:

—Ven por acá, picaruelo, aquí te necesitan: si tienes buen corazón, nos has de perdonar a todos.

Pablo, al ver a Carmen, pareció vacilar de emoción, y se aumentó su palidez; pero reponiéndose, dijo todo turbado:

—¡Perdonar, señor! ¿y de qué he de perdonar? ¡Al contrario, yo soy quien tiene que pedir perdón de tanto como he ofendido al pueblo…!

Entonces se levantó Carmen, y trémula y sonrojada, se adelantó hacia el joven, e inclinando los ojos, le dijo:

—Sí, Pablo, te pedimos perdón; yo te pido perdón por lo de hace tres años… yo soy la causa de tus padecimientos… y por eso, bien sabe Dios lo que he llorado. Te ruego que no me guardes rencor.

La joven no pudo decir más, y tuvo que sentarse para ocultar su emoción y sus lágrimas.

Pablo se quedó atónito. Evidentemente en su alma pasaba algo extraordinario, porque se volvía de un lado y de otro para cerciorarse de que no estaba soñando. Pero un instante después, y oyendo que la madre de Carmen, con las manos juntas en actitud suplicante, decía:

—¡Pablo, perdónala! —dejó escapar de sus ojos dos gruesas lágrimas, e hizo un esfuerzo para hablar.

—Pero, señora, —respondió; —pero, Carmen; ¿quién ha dicho a Vds. que yo tenía rencor? ¿Y por qué había de tenerlo? Era yo vicioso, señor alcalde, y por eso me entregó Vd. a la tropa. Bien hecho: de esa manera me corregí y volví a ser hombre de bien. Era yo un ocioso y un perdido, Carmen: tu eres una niña virtuosa y buena, y por eso cuando te hablé de amor me dijiste que no me querías. Muy bien hecho; ¿y qué obligación tenías tú de quererme? Bastante hacías ya, con no avergonzarte de oir mis palabras. Yo soy quien te pido perdón, por haber sido atrevido contigo, y por haber estorbado quizás en aquel tiempo que tu quisieras al que te dictaba tu corazón. Cuando yo considero esto, me da mucha pena.

—¡Oh! no, eso no, Pablo,—se apresuró a replicar la joven; —eso no debe afligirte, porque yo no quería a nadie entonces... ni he querido después —añadió avergonzada; —y si no, pregúntalo en el pueblo... te lo juro, yo no he querido a nadie...

—Más que a Vd., amigo Pablo, —me atreví yo a decir con resolución, e impaciente por acercar de una vez aquellos dos corazones enamorados. —Vamos, —añadí, —aquí se necesita un poco del carácter militar para arreglar este asunto. Vd. que lo ha sido, ayúdeme por su lado. Lo sé todo; sé que Vd. adora a esta niña, y da Vd. en ello prueba de que vale mucho. Ella lo ama a Vd. también, y si no que lo digan esas lágrimas que derrama, y esos padecimientos que ha tenido desde que Vd. se fué a servir a la Patria. Sean Vds. felices ¡qué diantre! —ya era tiempo, porque los dos se estaban muriendo por no querer confesarlo. —Acérquese Vd., Pablo, a su amada, y dígale que es Vd. el hombre más feliz de la tierra: aparte Vd. esas manos, hermosa Carmen, y deje a este muchacho que lea en esos lindos ojos todo el amor que Vd. le tiene; y que el juez y el señor cura se den prisa por concluir este asunto.

Los dos amantes se estrecharon la mano sonriendo de felicidad, y yo recibí una ovación por mi pequeña arenga, y por mi manera franca de arreglar matrimonios. Los pastores cantaron y tocaron alegrísimas sonatas en sus guitarras, zampoñas y panderos; los muchachos quemaron petardos, y los repiques a vuelo con que en ese día se anuncia el toque del alba, invitando a los fieles a orar en las primeras horas del gran día cristiano, vinieron a mezclarse oportunamente al bullicioso concierto.

Al escuchar entonces el grave tañido de la campana, que sonaba lento y acompasado, indicando la oración, todos los ruidos cesaron; todos aquellos corazones en que rebosaban la felicidad y la ternura se elevaron a Dios con un voto unánime de gratitud, por los beneficios que se había dignado otorgar a aquel pueblo tan inocente como humilde.

Todos oraban en silencio: el cura prefería esto por ser más conforme con el espíritu de sinceridad que debe caracterizar el verdadero culto, y dejaba que cada cual dirigiese al cielo la plegaria que su fe y sus sentimientos le dictasen...

Así pues, todos, ancianos, mancebos, niños y mujeres oraban con el mayor recogimiento. El cura parecía absorto, derramaba lágrimas, y en su semblante honrado y dulce había desaparecido toda sombra de melancolía, iluminándose con una dicha inefable. El maestro de escuela había ido a arrodillarse junto a su mujer e hijos, que lo abrazaban con enternecimiento, recordando su peligro de hacía tres años; el alcalde, como un patriarca bíblico, ponía las manos sobre la cabeza de sus hijos, agrupados en su derredor; el tío Francisco y la tía Juana también, en medio de sus hijos, murmuraban llorando su oración; Gertrudis abrazaba a su hermosa hija, quien inclinaba la frente como agobiada por la felicidad, y Pablo sollozaba, quizás por la primera vez, teniendo aún entre sus manos la blanca y delicada de su adorada Carmen, que acababa de abrir para él las puertas del paraíso. Yo mismo olvidaba todas mis penas y me sentía feliz, contemplando aquel cuadro de sencilla virtud y de verdadera y de modesta dicha, que en vano había buscado en medio de las ciudades opulentas y en una sociedad agitada por terribles pasiones.

Cuando concluyó la oración del alba, la reunión se disolvió, nos despedimos del digno alcalde y de los futuros esposos, quienes se quedaron con él a concluir la velada, así como otros muchos vecinos; y nos fuimos a descansar, andando apresuradamente, porque a esa hora, como era regular en aquellas alturas, durante el invierno, la nieve comenzaba a caer con fuerza, y sus copos doblegaban ya las ramas de los árboles, cubrían los techos pajizos de las cabañas y alfombraban el suelo por todas partes.

Al día siguiente aun permanecí en el pueblo, que abandoné el 26, no sin estrechar contra mi corazón aquel virtuosísimo cura a quien la fortuna me había hecho encontrar, y cuya amistad fué para mí de gran valía desde entonces.

Nunca, y Vd. lo habrá conocido por mi narración, he podido olvidar "aquella hermosa *Navidad,* pasada en las montañas."

Todo esto me fué referido la noche de Navidad de 1871 por un personaje, hoy muy conocido en México, y que durante la guerra de Reforma sirvió en las filas liberales: yo no he hecho más que trasladar al papel sus palabras.

Notas sobre el Autor

1. Su concepto del hombre y de la patria, su incansable actividad cultural, su defensa de los valores indigenistas y su decidida apuesta por las ideas de progreso justifican que se le haya situado junto a figuras míticas de la historia de México: de él se ha dicho que fue el apóstol de la cultura mexicana, del mismo modo en que Benito Juárez lo fue de la libertad.

2. La obra educativa de Manuel Altamirano fue también notabilísima, y puede afirmarse que, sin su figura, la cultura mexicana se habría visto notablemente empobrecida. Fue profesor en la Escuela Nacional Preparatoria, la Escuela de Comercio, la de Jurisprudencia, la Nacional de Profesores y otros establecimientos docentes; así, tanto por su vida como por su incesante magisterio, Altamirano se ganó el título de "Maestro".

3. Sus novelas Clemencia (1868), Julia (1870) y La Navidad en las montañas (1871) se consideran fundacionales para la narrativa mexicana. En ellas ponía de relieve los males que aquejaban al país: el militarismo, la deficiente enseñanza y las desigualdades sociales. El Zarco, publicada en 1901, es su obra más importante; rica en matices expresivos, giros idiomáticos y descripciones del paisaje, la novela narra las aventuras de un bandido de ojos azules, líder de la banda "Los Plateados".

4. En su poesía (Rimas) se identifica con el paisaje en una sentida interpretación lírica. Su abundante producción en el género costumbrista se reunió bajo el título genérico de Paisajes y leyendas, tradiciones y costumbres de México, compendio de escritos y artículos agrupados en dos volúmenes, el primero de los cuales había de editarse en 1884, mientras el segundo sólo pudo ver la luz en 1949, cuando había transcurrido casi medio siglo desde la muerte de su autor.

5. En sus trabajos de crítica literaria reiteró la necesidad de superar la dependencia de los modelos europeos y de encontrar un estilo y una temática autóctonos, y manifestó su voluntad de crear una novela nacional, independiente de la europea, en la que figurasen el indio, la historia mexicana y el paisaje patrio.

Made in the USA
Las Vegas, NV
05 November 2021